OSSOS DE SÉPIA

EUGENIO MONTALE

OSSOS DE SÉPIA
1920-1927

Tradução, prefácio e notas:
RENATO XAVIER

COMPANHIA DAS LETRAS

Copyright © by Arnoldo Mondadori Editori S.p.A.
Copyright da tradução, do prefácio e das notas © 2001 by Renato Xavier

Título original:
Ossi di seppia 1920-1927

Capa:
Moema Cavalcanti

Preparação:
Márcia Copola

Revisão:
Isabel Jorge Cury
Ana Maria Barbosa

Dados Internacionais de Catalogação na Publicação (CIP)
(Câmara Brasileira do Livro, SP, Brasil)

Montale, Eugenio
    Ossos de sépia 1920-1927 / Eugenio Montale ; tradução, prefácio e notas Renato Xavier. — São Paulo : Companhia das Letras, 2002.

    Título original: Ossi di seppia
    ISBN 85-359-0181-7

1. Poesia italiana I. Xavier, Renato II. Título.

01-5442   CDD-851

Índice para catálogo sistemático:
1. Poesia : Literatura italiana 851

2002

Todos os direitos desta edição reservados à
EDITORA SCHWARCZ LTDA.
Rua Bandeira Paulista 702 cj. 32
04532-002 — São Paulo — SP
Telefone (11) 3846-0801
Fax (11) 3846-0814
www.companhiadasletras.com.br

SUMÁRIO

Prefácio 15

IN LIMINE

Godi se il vento ch'entra nel pomario... 28

MOVIMENTI

I limoni 32
Corno inglese 36
Falsetto 38
Minstrels 42

POESIE PER CAMILLO SBARBARO 44
I. *Caffè a Rapallo* 44
II. *Epigramma* 48

Quasi una fantasia 50

SARCOFAGHI 52
Dove se ne vanno le ricciute donzelle... 52

Prefácio 15

IN LIMINE

Goza se o vento que entra no pomar... 29

MOVIMENTOS

Os limões 33
Corne-inglês 37
Falsete 39
Minstrels 43

POEMAS PARA CAMILLO SBARBARO 45
I. *Café em Rapallo* 45
II. *Epigrama* 49

Quase uma fantasia 51

SARCÓFAGOS 53
Aonde vão as donzelas cacheadas... 53

Ora sia il tuo passo... 54
Il fuoco che scoppietta... 56
Ma dove cercare la tomba... 58

ALTRI VERSI 60
Vento e bandiere 60
Fuscello teso dal muro... 62

OSSI DI SEPPIA

Non chiederci la parola che squadri da ogni lato... 66
Meriggiare pallido e assorto... 68
Non rifugiarti nell'ombra... 70
Ripenso il tuo sorriso, ed è per me un'acqua limpida... . . 72
Mia vita, a te non chiedo lineamenti... 74
Portami il girasole ch'io lo trapianti... 76
Spesso il male di vivere ho incontrato... 78
Ciò che di me sapeste... 80
Là fuoresce il Tritone... 82
So l'ora in cui la faccia più impassibile... 84
Gloria del disteso mezzogiorno... 86
Felicità raggiunta, si cammina... 88
Il canneto rispunta i suoi cimelli... 90
Forse un mattino andando in un'aria di vetro... 92
Valmorbia, discorrevano il tuo fondo... 94
Tentava la vostra mano la tastiera... 96
La farandola dei fanciulli sul greto... 98
Debole sistro al vento... 100
Cigola la carrucola del pozzo... 102
Arremba su la strinata proda... 104
Upupa, ilare uccello calunniato... 106
Sul muro grafito... 108

Teu passo seja agora... 55
O fogo que crepita... 57
Mas onde procurar o túmulo... 59

OUTROS VERSOS 61
Vento e bandeiras 61
Graveto estendido do muro... 63

OSSOS DE SÉPIA

Não nos peças a palavra que acerte cada lado... 67
Passar à sesta pálido e absorto... 69
Não busques na mata escura... 71
Revoco o teu sorriso, e é para mim água límpida... 73
Minha vida, a ti não peço traços... 75
Traz-me o girassol que eu o transplante... 77
Muito tenho o mal de viver encontrado... 79
O que de mim soubestes... 81
Lá emerge o Tritão... 83
Sei a hora em que a face mais impassível... 85
Glória do estendido meio-dia... 87
Felicidade alcançada, de quem... 89
Dos caniços ressaem suas pontas... 91
Talvez uma manhã andando num ar de vidro... 93
Valmorbia, em teu fundo discorriam... 95
Tocava a vossa mão no teclado... 97
A farândola das crianças no vau vazio... 99
Débil sistro ao vento... 101
Chia a roldana dentro da cisterna... 103
Atraca junto à crestada margem... 105
Poupa, álacre pássaro caluniado... 107
Sobre o muro rabiscado... 109

MEDITERRANEO

A vortice s'abbatte... 112
Antico, sono ubriacato dalla voce... 114
Scendendo qualche volta... 116
Ho sostato talvolta nelle grotte... 118
Giunge a volte, repente... 120
Noi non sappiamo quale sortiremo... 122
Avrei voluto sentirmi scabro ed essenziale... 124
Potessi almeno costringere... 126
Dissipa tu se lo vuoi... 128

MERIGGI E OMBRE

I.
Fine dell'infanzia 134

L'AGAVE SU LO SCOGLIO 142
O rabido ventare di scirocco... 142
Ed ora sono spariti i circoli d'ansia... 144
S'è rifatta la calma... 146

Vasca 148
Egloga 150
Flussi 154
Clivo 158

II.
Arsenio 164

III.
Crisalide 170
Marezzo 176
Casa sul mare 182

MEDITERRÂNEO

Em rodopio se abate... 113
Antigo, sou inebriado pela voz... 115
Descendo algumas vezes... 117
Pousei algumas vezes nas grutas... 119
Chega às vezes, de súbito... 121
Não se sabe o que a sorte nos reserva... 123
Quisera ter-me sentido tosco e essencial... 125
Pudesse ao menos constranger... 127
Dissipa se o quiseres... 129

TARDES E SOMBRAS

I.
Fim da infância 135

O AGAVE SOBRE A PEDRA 143
Ó rábido ventar de siroco... 143
E agora cessam os círculos de ânsia... 145
Refez-se a calma... 147

Tanque 149
Égloga 151
Fluxos 155
Clivo 159

II.
Arsênio 165

III.
Crisálida 171
Marezzo 177
Casa sobre o mar 183

I morti 186
Delta 190
Incontro 192

RIVIERE

Riviere... 198

Notas 205
Bibliografia 227

Os mortos 187
Delta 191
Encontro 193

RIVIERAS

Rivieras... 199

Notas 205
Bibliografia 227

PREFÁCIO

A presente tradução segue o texto crítico com variantes que Rosanna Bettarini e Gianfranco Contini publicaram com o título *Opera in versi* pela editora Einaudi, em 1980, quando Eugenio Montale ainda era vivo.

A primeira edição de *Ossos de sépia* surgiu em Turim, em 1925, e deve-se ao editor Piero Gobetti. Sucederam-se uma segunda edição, também em Turim, dos Fratelli Ribet, em 1928, e uma terceira edição, em 1931, de Giuseppe Carabba, em Lanciano. A partir da segunda foram acrescentados os poemas "Vento e bandeiras", "Graveto estendido do muro...", "Os mortos", "Delta", "Encontro" (1926) e "Arsênio", o mais recente (1927). Introduziram-se poucas e restritas variações desde a terceira edição, e a mais notória terá sido a supressão de parte do texto original de "Tanque". Sem obedecer a uma ordem cronológica, a coletânea reúne poemas de 1920 a 1927, com exceção de um de 1916: "Passar à sesta pálido e absorto...".

A tradução literal do título por *Ossos de sépia* decorreu da preferência por termos de aceitação ampla. O uso de *sépia*, mais conhecido quando se refere à tinta do molusco ou à cor que toma seu nome, foi preferido nessa forma, que identifica o gênero de moluscos. *Siba* designa não só a espécie como a concha ou osso interno do molusco, o qual, por sua leveza, flutua

15

no mar. *Choco* é a denominação mais difundida da espécie em Portugal.

A estrutura narrativa do livro contém um prólogo, *In limine* (literalmente, "no limiar"), de 1924, último poema escrito antes da primeira edição de 1925, e termina com "Rivieras", de 1920, que exalta uma vontade nova, renegada mais tarde pelo poeta como epílogo de uma fase inexistente. Montale declarou posteriormente que *Ossos de sépia* não admitia conclusão.

O corpo da obra inicia-se com o capítulo intitulado Movimentos, que inclui poemas com marcantes traços musicais e simbolistas. A identificação do poeta a paisagens e situações concretas em que a presença humana é amortecida pela renúncia de intervenção denota uma atitude inicial mais conciliatória com a realidade. A identificação com a natureza já é por vezes substituída pela consciência da ruptura e da desarmonia, como em "Falsete" e "Café em Rapallo".

A seção interna que dá o título ao livro, Ossos de sépia, reúne poemas curtos cujos temas refletem um estado de decomposição do universo, que se degrada e desfaz a ponto de parecer um engano. As manifestações sensíveis da realidade são desprovidas de relação aparente. A luz, como tema freqüente, provoca e revela a aridez. As tentativas de acordo entre o ego e o universo são frustrantes. Trata-se da necessidade de assumir uma aparência, um nome, uma identidade. A impassibilidade e a renúncia ao sobressalto sucedem aos impulsos sentimentais da seção anterior. O milagre da transcendência é buscado na contemplação intensa e absorta de manifestações naturais extremas como o sol do meio-dia.

O poema "Mediterrâneo" em nove partes, de 1924, constitui capítulo central no processo de aprofundamento da poesia de Montale. A busca de identidade em diálogo na primeira pessoa com o mar permite um balanço existencial, revelador da individualidade, da diversidade e dos limites da subjetividade, da condição humana em que o poeta procura aprender e adquirir consciência. O poeta vê-se como o detrito rejeitado pelo mar. No confronto de opções impõe-se a escolha inelutável da terra.

Tardes e sombras, de 1922 a 1924, dá continuidade às inquietações existenciais de Montale e, na parte I, inclui referências a uma biografia retrospectiva que confronta a natureza indiferenciada do passado com a desolação presente, no tempo histórico do fascismo. "Tanque", de forma emblemática, exprime a expectativa de uma vida que não se afirma e uma identidade falhada. A parte II contém-se em "Arsênio", refletindo anseios extremos de transcendência visualizada em meio a um temporal em localidade costeira que atrai o narrador para o mar e deixa supor um ato liberatório, o qual, afinal, não se confirma. O poema expõe a inviabilidade de um itinerário ou de uma identidade alternativos para o personagem. Nas partes II e III, inteiramente escritas no presente, o poeta revela uma consciência aguda de si próprio e de sua relação com os temas tratados.

Nessa parte III, destacam-se os motivos associados às figuras de Paola Nicoli, nos três primeiros poemas, de 1924, e de Arletta, nos três últimos, de 1926. Romano Luperini, autor da *Storia di Montale*, observando a natureza desses dois ciclos, comenta a presença próxima de Paola Nicoli e o distanciamento de Arletta, como interlocutora *in absentia* e que já não vivesse, por quem Montale conservava uma afeição de juventude. Arletta vivia, mas distante e afastada do convívio do poeta. As notas finais desta edição farão referência às possíveis atribuições e dedicatórias dos poemas de *Ossos de sépia*.

A narrativa dos poemas de Montale é de modo geral dirigida a um interlocutor que o poeta considera institucional, indicado pelos pronomes pessoais *tu* ou *vós* — um antagonista que seria necessário inventar caso não existisse. Entre os interlocutores alguns são as figuras femininas, que pareceriam destinadas a assumir um papel protagônico e comparável ao de guia salvador desempenhado por Beatriz na *Divina comédia*, em especial no caso de Arletta, dada como morta. Contudo, nem a invocação de Arletta ausente nem a presença próxima e viva de Paola Nicoli, crisálida que não se completa, se revelam capazes de propiciar a transcendência procurada pelo poeta e constituem uma esperança evasiva de salvação, demonstrativa de uma impossível realização existencial.

Outros interlocutores podem ser identificados na natureza, que o prefácio da primeira edição assinala como o personagem que o poeta escolheu. A natureza que se manifesta e é personificada, como as plantas dotadas de vontade própria, faculta uma tentativa de interrogação, frustrada pela indiferença com que é recebida. Diante do mar, a que o poeta atribui quase infinitas possibilidades de independência, e mesmo de indiferença pelos entes de terra firme, as pedras são retidas por força que tolhe seus propósitos e suas ações. As imagens resultantes dessa representação consistem em exemplos da alegoria filosófica em que Montale situa suas cogitações.

Como técnica retórica que identifica formas de comportamento na natureza, essa alegoria conserva a racionalidade das imagens num plano próximo de existência. Faz-se aqui distinção do símbolo que anunciasse um mistério revelado em outro plano de conhecimento e não pudesse ser confirmado racionalmente. O caráter alegórico das imagens parece não atingir a definição explícita em que o significado participa de modo consistente da imagem simbólica. O caráter assertivo e transcendente do símbolo não se impõe nas imagens vivenciadas, que se abstêm de manifestar um sentido estranho à contemplação do poeta. O sol que provoca e revela a aridez não indica um significado alheio à sua própria existência. A classificação das imagens do poeta como símbolos, mesmo que tecnicamente correta, deveria ser considerada com reserva diante da aparente irracionalidade natural e das tendências niilistas presentes na obra de Montale. No substrato dessas imagens encontram-se arquétipos da existência representados pela água, o fogo, a luz, o vento, a vegetação, mas seu sentido é inafiançável.

Como simbólicas poderiam ser invocadas certas imagens

persistentes, nos exemplos extraídos de construções humanas: o muro, a sebe de jardim, a rede ou o "valo extremo", representativos das limitações comuns de alcance e percepção. Ocorre que a imagem do muro parece ser um obstáculo de reconhecimento qualificado e variável, a julgar pelo primeiro poema do livro, em que o narrador não pode ultrapassar os limites do "horto" mas admite ou espera, pelo menos de modo formal ou especulativo, que sua interlocutora não esteja sujeita à mesma barreira. Um aspecto simbólico possível nessa imagem do muro, como barreira genérica ou linha de contato com outro lado de que se anda em busca, no plano do êxito material ou no domínio da indagação metafísica, não encontra amparo na identificação inequívoca de um símbolo que o poeta se esquivou de elaborar com vocação universal e alcance intemporal, além de deixar entrever um fundamento pessoal da imagem com valor contingente ou negativo.

A interlocução figurada na natureza indica um anseio de exteriorização de sentidos mais definidos e auspiciosos que, não satisfeito, promove o discurso interior. Na busca incessante de sentidos que não se manifestam a contento, é a própria realidade sensível que é vista como barreira opaca levantada por forças aparentemente adversas. Dessa insatisfação decorre a procura da passagem, da abertura — *varco* —, em que se julga vislumbrar claridade ofuscante, a qual, porém, quando apenas entrevista, se revela transitória, intermitente, lábil. O empenho não propicia a realidade e, se auspiciosas, as manifestações sensíveis ou tornadas sensíveis no vislumbre de um *varco* não são fidedignas. É a certeza da "inautenticidade do real". A realidade na obra de Montale é vista como um cenário de enganos: um *painel* que afasta o reconhecimento de significados irrefutáveis.

O poeta fica incapacitado para transmitir conhecimento ou produzir explicações, e seu discurso deve limitar-se à contemplação de aspectos parciais, diante da falta de definição, de consistência, de permanência, de credibilidade da realidade. A expectativa de transcendência no plano próximo e presente passa a ser outro aspecto, invisível, dessa realidade da qual não se distingue: uma verdade reveladora na falta de uma verdade revelada. A alegoria que não oferece respostas conclusivas passa a ser a representação dos limites do conhecimento de cada um. Depreende-se o desinteresse de uma visão condicionada pelo momento histórico e amparada em valores sociais ou culturais de uma civilização confiável.

Diante da convicção de que a vida humana não se pode resumir às circunstâncias materiais da própria existência e possui um sentido que nos escapa, nota-se uma inquietação de tendência metafísica que não encontra amparo ou conforto aparente na mística das grandes verdades reveladas de cunho dogmático. São discretas as alusões às fontes judaicas e cristãs na poesia de Montale, e o tratamento dos temas parece atestar a falta de respaldo exterior para uma indagação metafísica desprovida de certezas preestabelecidas pela fé. Afastada a hipótese de respostas de caráter espiritual revelado, o observador contemplativo depara apenas com as formas materiais em manifestações que guardam o silêncio ante a interpelação e atuam como obstáculo. Não obstante, o poeta demonstra uma convicção persistente de esperança no milagre.

No seu livro *La ricerca dell'altro*, Angelo Marchese, que analisa amplamente os fundamentos filosóficos de Montale, aponta *Ossos de sépia* como o livro do silêncio de Deus, mas considera que, tentado pelo niilismo, o poeta experimenta de modo profundo a necessidade de Deus. O mesmo autor assinala uma latente atração do poeta pelas tradições hebraica e cristã, independentemente das doutrinas e dogmas da Igreja, e menciona um número de temas comuns, bem como o papel salvífico da figura feminina de Clizia, em obras posteriores a *Ossos de sépia*. O próprio poeta reconhece a hipótese da graça em "Casa sobre o mar" e "Crisálida" como possíveis motivos cristãos, aceita a existência de um "fermento cristão" em si, mas se afirma não-praticante e respeitoso de todas as Igrejas.

Convém observar que o próprio Montale, ao assinalar a tendência metafísica de sua poesia, não deixou de identificar a divergência entre a sua e também nossa atualidade e o tempo de Dante. Segundo Montale, a *Divina comédia* foi escrita quando o mundo tinha um centro de referência, o qual cessou de existir à medida que pretendemos seja contínua a nossa expansão existencial. Paralelamente, convém registrar as observações de alguns críticos sobre a impotência de o autor pronunciar verdades reconhecidas "fora da história".

Nos anos 1920, quando se completa a coleção de poemas do seu primeiro volume publicado, Montale defronta-se com diferentes tendências de interpretação da *Divina comédia*, e favorece linha que reconhece o realismo temático e valoriza o emprego do modo alegórico em Dante. A intenção atribuída a Dante é dar ao leitor a oportunidade de ver o que ele viu e de aguçar a sua visão. Para T. S. Eliot, em *The sacred wood*, o bom uso da alegoria — *clara imagem visual* — em Dante dispensa a compreensão imediata. A alegoria é a estrutura em que se manifesta a poesia. Não é indispensável que a alegoria seja compreendida. É necessário que sua presença seja justificada.

As influências de Dante na língua e no estilo de Montale são amplamente reconhecidas. Montale considera o concretismo das imagens de Dante como repleto de significado e capaz de tornar sensível o abstrato e corpóreo o imaterial. A tendência declarada por Montale de voltar-se para o objeto, para a arte encarnada no meio expressivo, que foi sempre a orientação preliminar de sua atividade artística, encontrou em Dante o primeiro ponto de referência.

Trata-se da adesão ao conceito de *objective correlative* enunciado por T. S. Eliot, segundo o qual a única forma de expressar emoção como arte é por meio de um correlativo ou correspondente objetivo, isto é, um conjunto de objetos, uma série de fatos como fórmula para essa emoção. Quando evocados, os fatos da experiência sensorial provocam a emoção. A poesia pode e deve ser metafísica, no sentido de exprimir o fundo emotivo das idéias e não as próprias idéias.

A poesia de Montale exige uma leitura atenta e suscita de pronto uma indagação sobre a temática da obra em seu conjunto. Cada poema trata de uma vivência do poeta expressa em linguagem que reflete um elevado grau de consciência da experiência descrita, com pronunciado teor emocional. Acompanhado de vigilância que sofreia o predomínio dos sentimentos subjetivos, o processo permite confrontar a percepção pessoal com a realidade presente. O tratamento dinâmico e universal dos temas convida à iniciação do leitor.

Uma total absorção do leitor nos resultados objetivos desejava Montale quando publicou seu segundo livro, *Ocasiões*, em 1946. Não haveria que esperar uma poesia pura, no sentido de um jogo de sugestões sonoras, mas um fruto que devesse conter os seus motivos sem revelá-los, sem expô-los abertamente — em comparação com o caráter mais descritivo e filosófico do primeiro livro. No equilíbrio necessário entre o interno e o externo, exprimir o objeto e calar a ocasião. Conquanto posterior a *Ossos de sépia*, essa declaração de Montale na *Entrevista imaginária* de 1946, em *Sulla poesia*, é indicativa de tendência que já se pode identificar no seu primeiro livro.

Essas observações visam a prevenir uma reação possível a um alegado hermetismo, na Itália também associado ao neo-simbolismo. Note-se que o próprio Montale se manifestou contrário ao hermetismo como sistema e declarou nunca ter procurado intencionalmente a obscuridade. Manteve, porém, uma atitude neutra diante das propostas hermenêuticas. Ao observar a recusa generalizada de auto-explicação pelos poetas, Rosanna Bettarini considerou Montale "um campeão da evasão, um atleta do despistamento". Deve-se, no entanto, relacionar essa afirmação sobretudo com as *ocasiões* em que se produziu a poesia, porque os textos do poeta mantêm uma coerência lógica sempre capaz de permitir uma leitura substantiva.

Ao ter presente a declaração de Montale de que a sua poesia nasce de fatos vividos e de que ele não sabe inventar nada, o leitor deve observar que as suas imagens, ainda que relacionadas ao tema tratado, podem ser de interpretação demorada e às vezes enigmática, como pertencentes a um ambiente histórico e cultural desconhecido e intercaladas em planos diversos. Se bem que nem sempre sejam imediatamente acessíveis, por falta de transparência ou de exegese, as imagens, eloqüentes, impõem-se para a *absorção* pelo leitor, facilitada pela familiarização com os temas tratados.

Uma disciplina de atenção é necessária para discernir e penetrar um universo poético que é apresentado de modo coerente e rigoroso. Uma leitura lenta e meditativa gradualmente entrosa o leitor com a expressão de Montale, e vai-se desenvolvendo uma confiança que faculta o entendimento progressivo. Essa confiança cresce com a convicção de que os problemas de compreensão relacionam-se sobretudo com a aceitação de uma alegoria tão próxima da realidade que permite a apropriação pelo leitor.

A linguagem montaliana inclui o recurso a palavras inusitadas ou desusadas e arcaísmos, expressões dialetais, termos cotidianos ou eruditos e supinamente literários, vocábulos de emprego técnico e setorial, com freqüência vazada na paisagem natural e no ambiente lígure. Essa linguagem segue a tradição literária italiana com perceptível influência, em diferentes graus, de Dante e Petrarca e dos poetas do século XIX e contemporâneos de Montale. É evidente um intuito preciso de expressão densa e rica de referências culturais e pessoais, de citações, de tons e registros. A ambivalência de sentidos é recorrente e recomenda uma atitude inquisitiva do leitor. A tradução que ora se apresenta procurou respeitar com a fidelidade possível as tendências identificadas e observar as gradações da linguagem original, em vista da congruência e da unidade interna dos textos. O tradutor absteve-se, contudo, de procurar em português todos os diferentes tons e registros de vocabulário que a língua e a literatura italianas, com suas variantes históricas e regionais, facultam, ou de tentar reproduzir os exemplos de hápax encontrados na linguagem do poeta.

A sintaxe apresenta períodos longos, geralmente compostos por coordenação, com sentenças assindéticas ou aditivas. Na contagem de Giuseppe Savoca, a conjunção *e* ocorre 2423 vezes na poesia de Montale, tornando-se o vocábulo mais presente na sua obra. Seguem-se as conjunções *que*, 599 vezes; *mas*, 486 vezes; *ou*, 465 vezes; *se*, 410 vezes. Um número restrito de conjunções subordinativas temporais, concessivas e causais evidencia ainda a preferência pelas orações coordenadas ou independentes e intercaladas. A notar igualmente períodos de orações subordinadas, em geral adjetivas, que parecem prescindir de uma principal. Esse quadro sintático pode ser considerado como testemunho de uma visão fidedigna da realidade, sem aparentes explicações ou indulgências subjetivas. No mesmo sentido, uma adjetivação restrita, e em número decrescente nas obras posteriores, parece voltada para uma função eminentemente descritiva.

Na pontuação, note-se o uso de vírgulas destinadas a marcar pausas de leitura e de ênfase mais do que a destacar os elementos sintáticos da oração, o que faculta um modo de expressão próximo da língua falada. A tradução conservou o recurso aos dois-pontos para explicar, concluir ou exprimir uma reflexão, mais freqüente na língua italiana.

O tradutor preferiu não abdicar da métrica e da rima, em favor de um texto em português totalmente desprovido de seus elementos líricos. A métrica foi procurada no esforço aproximativo de manter a grande maioria de versos hendecassílabos italianos, que em português devem ser considerados decassílabos, na contagem adotada a partir de Antônio Feliciano de Castilho. Sucedem-se, na preferência do poeta, os heptassílabos e pentassílabos e os versos longos, compostos de dois heptassílabos ou de dois hemistíquios de oito ou sete sílabas e um de cinco sílabas. A acentuação na quarta ou sexta sílabas não foi seguida com rigor nos hendecassílabos. Quando possível a tradução rimada, evitaram-se as modificações semânticas.

A poesia é música feita com palavras e até com idéias, declarou Montale em *Sulla poesia*. A qualidade musical em sua poesia destaca-se pela prioridade concedida à harmonia sobre o ritmo e a melodia. Os sons harmônicos são produzidos por ressonância indireta, em vibração obtida por simpatia como uma corda percutida. A comparação feita é com o piano quando o pedal libera a corda dos abafadores e prolonga os sons em ressonância indireta. Um ensaio de Luigi Surdich, "'Musica + idee': tra Montale e Caproni", apoiado em ensaio do próprio Giorgio Caproni, é fonte de amplos comentários técnicos sobre as qualidades musicais na obra de Montale.

Pode-se admitir que também os sentidos entrem em ressonância entre os versos e que os próprios versos, isoladamente, constituam unidades harmônicas, por vezes destacadas do sentido geral. A própria palavra, como nota musical, além de seu significado léxico, adquire outros valores decorrentes de seu lugar na tessitura harmônica do poema, observa Caproni. Essa intuição suscita um esforço de tradução capaz de manter a unidade semântica de cada verso e a relação das palavras entre si, sempre que possível ao amparo das afinidades nas duas línguas.

Trata-se aqui do objetivo de tornar mais aparente, no primeiro contato com a poesia de Montale, um aspecto que pode não se revelar de imediato numa leitura menos detida. Ao invés, uma leitura rápida e menos avisada poderia dar a impressão de redação metrificada que separasse e pontuasse a narrativa a despeito e em prejuízo da unidade dos versos. O recurso freqüente a pausas internas e ao *enjambement* não é arbitrário, e sua introdução em poemas traduzidos para o italiano por Montale evidencia o valor narrativo desse recurso.

A presente edição inclui as notas que o tradutor julgou indispensáveis para justificar as soluções encontradas em português. Esses comentários sobre a linguagem e as imagens em que estão vazados os poemas, os recolhidos dos estudiosos do poeta, devem ser considerados com reserva, à falta de uma exegese ampla de sua obra, ainda por ser empreendida. Traduzir Montale permanece uma tarefa arriscada, diante da escassez de informação concreta sobre a *occasione-spinta*, a ocasião-de-impulso, que induziu o objeto poético.

Dezembro de 2000

Quero agradecer aos inúmeros amigos italianos, portugueses e brasileiros que contribuíram para a tradução ao português, e assinalar a assistência do Instituto de Cultura Italiana em Copenhague, bem como a incansável colaboração do professor Alberto Manai, leitor italiano na Universidade de Copenhague. Dedico minha tradução a Mariana e Antônio, para que sejam futuros leitores de Montale.

R. X.

IN LIMINE

IN LIMINE

Godi se il vento ch'entra nel pomario
vi rimena l'ondata della vita:
qui dove affonda un morto
viluppo di memorie,
orto non era, ma reliquiario.

Il frullo che tu senti non è un volo,
ma il commuoversi dell'eterno grembo;
vedi che si trasforma questo lembo
di terra solitario in un crogiuolo.

Un rovello è di qua dall'erto muro.
Se procedi t'imbatti
tu forse nel fantasma che ti salva:
si compongono qui le storie, gli atti
scancellati pel giuoco del futuro.

Cerca una maglia rotta nella rete
che ci stringe, tu balza fuori, fuggi!
Va, per te l'ho pregato, — ora la sete
mi sarà lieve, meno acre la ruggine...

*Goza se o vento que entra no pomar
volta a bater com a onda da vida:
aqui onde afunda um morto
enredo de memórias,
não era um horto, mas um relicário.*

*O que sentes ruflar não é um vôo,
mas comoção do regaço eterno;
vês como se transforma esta fímbria
de terra solitária num crisol.*

*São brenhas neste lado do hirto muro.
Se prossegues, deparas
talvez com o fantasma que te salva:
compõem-se aqui as histórias, os atos
apagados para o jogo do futuro.*

*Procura a malha aberta nessa rede
estreita, salta e foge, vai embora!
Roguei por ti, — agora minha sede
há de ser branda, menos acre o ressaibo...*

MOVIMENTOS

MOVIMENTI

I LIMONI

Ascoltami, i poeti laureati
si muovono soltanto fra le piante
dai nomi poco usati: bossi ligustri o acanti.
Io, per me, amo le strade che riescono agli erbosi
fossi dove in pozzanghere
mezzo seccate agguantano i ragazzi
qualche sparuta anguilla:
le viuzze che seguono i ciglioni,
discendono tra i ciuffi delle canne
e mettono negli orti, tra gli alberi dei limoni.

Meglio se le gazzarre degli uccelli
si spengono inghiottite dall'azzurro:
più chiaro si ascolta il susurro
dei rami amici nell'aria che quasi non si muove,
e i sensi di quest'odore
che non sa staccarsi da terra
e piove in petto una dolcezza inquieta.
Qui delle divertite passioni
per miracolo tace la guerra,
qui tocca anche a noi poveri la nostra parte di ricchezza
ed è l'odore dei limoni.

Vedi, in questi silenzi in cui le cose
s'abbandonano e sembrano vicine
a tradire il loro ultimo segreto,
talora ci si aspetta
di scoprire uno sbaglio di Natura,
il punto morto del mondo, l'anello che non tiene,
il filo da disbrogliare che finalmente ci metta
nel mezzo di una verità.

OS LIMÕES

Escuta-me, os poetas laureados
movem-se tão-somente entre as plantas
de nomes pouco usados: buxos ligustros e acantos.
Eu, por mim, gosto de caminhos que levam às agrestes
valas aonde em poças
já meio secas rapazes apanham
alguma enguia miúda:
as veredas que seguem junto às bordas,
descem por entre os tufos de canas
e chegam até os hortos, no meio dos limoeiros.

É melhor quando a algazarra dos pássaros
se dilui e é tragada pelo azul:
mais claro se há de escutar o sussurro
de ramos amigos no ar que não se move quase,
e as sensações desse cheiro
que não se aparta da terra
e uma doçura inquieta chove no peito.
Aqui das distraídas paixões
por um milagre cala-se a guerra,
aqui até a nós pobres cabe nossa parte de riqueza
e é o aroma dos limões.

Vês, é nesses silêncios em que as coisas
se abandonam e como que estão prestes
a trair o seu último segredo,
que por vezes se espera
descobrir um engano da Natureza,
o ponto morto do mundo, o elo que não resiste,
a mecha a deslindar que enfim nos ponha
no âmago de uma verdade.

Lo sguardo fruga d'intorno,
la mente indaga accorda disunisce
nel profumo che dilaga
quando il giorno più languisce.
Sono i silenzi in cui si vede
in ogni ombra umana che si allontana
qualche disturbata Divinità.

Ma l'illusione manca e ci riporta il tempo
nelle città rumorose dove l'azzurro si mostra
soltanto a pezzi, in alto, tra le cimase.
La pioggia stanca la terra, di poi; s'affolta
il tedio dell'inverno sulle case,
la luce si fa avara — amara l'anima.
Quando un giorno da un malchiuso portone
tra gli alberi di una corte
ci si mostrano i gialli dei limoni;
e il gelo del cuore si sfa,
e in petto ci scrosciano
le loro canzoni
le trombe d'oro della solarità.

O olhar revista em torno,
a mente indaga reúne separa
no perfume que alastra
quando mais langue o dia.
São os silêncios em que se avista
em toda sombra humana que se afasta
alguma importunada Divindade.

Mas a ilusão falha e o tempo nos reporta
às ruidosas cidades onde o azul se mostra
só aos pedaços, no alto, entre as cimalhas.
A chuva cansa a terra, depois; cerra-se
o tédio do inverno sobre as casas,
a luz se torna avara — a alma amarga.
Quando um dia um portão entreaberto
em meio às árvores de um pátio
nos mostra os amarelos dos limões;
e o gelo do coração se desfaz,
e brotam em nosso peito
as canções que ressoam
dos seus clarins de ouro solar.

CORNO INGLESE

Il vento che stasera suona attento
— ricorda un forte scotere di lame —
gli strumenti dei fitti alberi e spazza
l'orizzonte di rame
dove strisce di luce si protendono
come aquiloni al cielo che rimbomba
(Nuvole in viaggio, chiari
reami di lassù! D'alti Eldoradi
malchiuse porte!)
e il mare che scaglia a scaglia,
livido, muta colore,
lancia a terra una tromba
di schiume intorte;
il vento che nasce e muore
nell'ora che lenta s'annera
suonasse te pure stasera
scordato strumento,
cuore.

CORNE-INGLÊS

O vento que esta tarde toca atento
— lembra um vibrar de chapa veemente —
os instrumentos espessos dos ramos,
e varre o acobreado horizonte
em que faixas de luz se estendem
como vias ao céu que retumba
(Nuvens em viagem, alvos
reinos do alto! Excelsos Eldorados
de portas mal vedadas!)
e o mar que escama a escama,
lívido, muda de cor,
lança à terra uma tromba
de revoltas espumas;
o vento que nasce e amaina
no dia que escurece lento
em ti também tocasse esta tarde
coração dissonante,
esquecido instrumento.

FALSETTO

Esterina, i vent'anni ti minacciano,
grigiorosea nube
che a poco a poco in sé ti chiude.
Ciò intendi e non paventi.
Sommersa ti vedremo
nella fumea che il vento
lacera o addensa, violento.
Poi dal fiotto di cenere uscirai
adusta più che mai,
proteso a un'avventura più lontana
l'intento viso che assembra
l'arciera Diana.
Salgono i venti autunni,
t'avviluppano andate primavere;
ecco per te rintocca
un presagio nell'elisie sfere.
Un suono non ti renda
qual d'incrinata brocca
percossa!; io prego sia
per te concerto ineffabile
di sonagliere.

La dubbia dimane non t'impaura.
Leggiadra ti distendi
sullo scoglio lucente di sale
e al sole bruci le membra.
Ricordi la lucertola
ferma sul masso brullo;
te insidia giovinezza,
quella il lacciòlo d'erba del fanciullo.
L'acqua è la forza che ti tempra,

FALSETE

Esterzinha, os vinte anos te ameaçam,
nuvem de cinza e rosa
que em si aos poucos te encerra.
Isso entendes e não temes.
Submersa vamos ver-te
na bruma que o vento
açoita ou adensa, violento.
Da corrente de cinza sairás
queimada sempre mais,
tendido a uma aventura mais adiante
o fito rosto que assemelha
a arqueira Diana.
Surgem os vinte outonos,
envolvem-te as antigas primaveras;
eis que por ti ressoa
um presságio nas elísias esferas.
Não te venha a soar
como um eivado cântaro
batido! Rogo seja
para ti concerto inefável
de fios de guizos.

O amanhã dúbio não te intimida.
Lépida te estendes
na pedra reluzente de sal
e ao sol queimas os membros.
Pareces o lagarto
imóvel na rocha nua;
a ti insidia a juventude,
a ele a armadilha do menino.
A água é a força que te dá a têmpera,

nell'acqua ti ritrovi e ti rinnovi:
noi ti pensiamo come un'alga, un ciottolo,
come un'equorea creatura
che la salsedine non intacca
ma torna al lito più pura.

Hai ben ragione tu! Non turbare
di ubbie il sorridente presente.
La tua gaiezza impegna già il futuro
ed un crollar di spalle
dirocca i fortilizî
del tuo domani oscuro.
T'alzi e t'avanzi sul ponticello
esiguo, sopra il gorgo che stride:
il tuo profilo s'incide
contro uno sfondo di perla.
Esiti a sommo del tremulo asse,
poi ridi, e come spiccata da un vento
t'abbatti fra le braccia
del tuo divino amico che t'afferra.

Ti guardiamo noi, della razza
di chi rimane a terra.

na água te encontras e te renovas:
em ti pensamos como alga, seixo,
como a equórea criatura
que a salsugem não afeta
mas torna à praia mais pura.

Tens razão! A fantasia não deve
perturbar o presente sorridente.
Tua alegria é penhor do futuro
e um dar de ombros
derroca as fortalezas
de teu amanhã obscuro.
Levantas-te e avanças no pontilhão
exíguo, sobre o pego que estruge:
o teu perfil grava-se
contra um fundo de pérola.
Hesitas no alto da prancha trêmula,
sorris, e como despegada num vento
te jogas entre os braços
do teu divino amigo que te encerra.

Para ti olhamos nós, da raça
de quem fica em terra.

MINSTRELS

da C. Debussy

Ritornello, rimbalzi
tra le vetrate d'afa dell'estate.

Acre groppo di note soffocate,
riso che non esplode
ma trapunge le ore vuote
e lo suonano tre avanzi di baccanale
vestiti di ritagli di giornali,
con istrumenti mai veduti,
simili a strani imbuti
che si gonfiano a volte e poi s'afflosciano.

Musica senza rumore
che nasce dalle strade,
s'innalza a stento e ricade,
e si colora di tinte
ora scarlatte ora biade,
e inumidisce gli occhi, così che il mondo
si vede come socchiudendo gli occhi
nuotar nel biondo.

Scatta ripiomba sfuma,
poi riappare
soffocata e lontana: si consuma.
Non s'ode quasi, si respira.
     Bruci
tu pure tra le lastre dell'estate,
cuore che ti smarrisci! Ed ora incauto
provi le ignote note sul tuo flauto.

MINSTRELS

segundo C. Debussy

Ritornelo, repercute
na vítrea calmaria do estio.

Acre grupo de notas abafadas,
riso que não explode
porém recama as horas vazias
e é tocado por três resquícios de bacanal
vestidos de recortes de jornal,
com instrumentos nunca vistos,
como funis estranhos,
inflando às vezes, murchando depois.

Música sem rumor
que nasce da rua,
a custo se eleva e cai,
e se colore de tons
ou escarlate ou celeste,
e os olhos umedece, assim o mundo
vê-se como cerrando as pálpebras
em ouro a nadar.

Dispara recai atenua,
reaparece
abafada e distante: consome-se.
Não se ouve quase, respira-se.
                        Queimas
tu também entre os vidros do estio,
coração vagante! Agora incauto
provas ignotas notas em tua flauta.

POESIE PER CAMILLO SBARBARO

I
Caffè a Rapallo

Natale nel tepidario
lustrante, truccato dai fumi
che svolgono tazze, velato
tremore di lumi oltre i chiusi
cristalli, profili di femmine
nel grigio, tra lampi di gemme
e screzi di sete...
                    Son giunte
a queste native tue spiagge,
le nuove Sirene!; e qui manchi
Camillo, amico, tu storico
di cupidige e di brividi.

S'ode grande frastuono nella via.

È passata di fuori
l'indicibile musica
delle trombe di lama
e dei piattini arguti dei fanciulli:
è passata la musica innocente.

Un mondo gnomo ne andava
con strepere di muletti e di carriole,
tra un lagno di montoni
di cartapesta e un bagliare
di sciabole fasciate di stagnole.
Passarono i Generali
con le feluche di cartone

POEMAS PARA CAMILLO SBARBARO

I
Café em Rapallo

Natal no tepidário
lustroso, disfarçado em fumo
que sai das xícaras, velado
tremeluzir fora de cristais
fechados, perfis de mulher
no cinza, entre chispas de jóias
e matizes de sedas...
                Chegaram
a estas nativas praias tuas
as novas Sereias! E aqui falta
Camillo, amigo, tua crônica
de cobiças e arrepios.

Ouve-se grande alarido na rua.

Passou lá por fora
a indizível música
das cornetas de lata,
de pratos estridentes dos meninos:
passou a música inocente.

Um mundo gnomo ia andando
com estrépito de carroças e burrinhos,
lamúria de carneiros
de papelão e um ofuscar
de sabres cobertos de prateado.
Passaram os Generais
com chapéus de bico em cartão

e impugnavano aste di torroni;
poi furono i gregari
con moccoli e lampioni,
e le tinnanti scatole
ch'ànno il suono più trito,
tenue rivo che incanta
l'animo dubitoso:
(meraviglioso udivo).

L'orda passò col rumore
d'una zampante greggia
che il tuono recente impaura.
L'accolse la pastura
che per noi più non verdeggia.

e empunhavam bastões de torrão;
depois foram soldados rasos
com velas e lanternas
e as caixas que tilintam
com o som mais trivial,
riacho tênue que encanta
o ânimo que duvida:
(maravilhado eu ouvia).

A horda passou com tropel
de uma grei espavorida
sob o céu que troveja.
O prado onde achou guarida
para nós já não verdeja.

II
Epigramma

Sbarbaro, estroso fanciullo, piega versicolori
carte e ne trae navicelle che affida alla fanghiglia
mobile d'un rigagno; vedile andarsene fuori.
Sii preveggente per lui, tu galantuomo che passi:
col tuo bastone raggiungi la delicata flottiglia,
che non si perda; guidala a un porticello di sassi.

II
Epigrama

Sbarbaro, menino inspirado, dobra multicores
papéis e extrai barquinhos que confia à lama
movediça de um regato; olha-os indo embora.
Sê precavido por ele, cavalheiro que passas:
com a tua bengala alcança a delicada flotilha,
que não se perca; e chegue a um portinho de pedras.

QUASI UNA FANTASIA

Raggiorna, lo presento
da un albore di frusto
argento alle pareti:
lista un barlume le finestre chiuse.
Torna l'avvenimento
del sole e le diffuse
voci, i consueti strepiti non porta.

Perché? Penso ad un giorno d'incantesimo
e delle giostre d'ore troppo uguali
mi ripago. Traboccherà la forza
che mi turgeva, incosciente mago,
da grande tempo. Ora m'affaccerò,
subisserò alte case, spogli viali.

Avrò di contro un paese d'intatte nevi
ma lievi come viste in un arazzo.
Scivolerà dal cielo bioccoso un tardo raggio.
Gremite d'invisibile luce selve e colline
mi diranno l'elogio degl'ilari ritorni.

Lieto leggerò i neri
segni dei rami sul bianco
come un essenziale alfabeto.
Tutto il passato in un punto
dinanzi mi sarà comparso.
Non turberà suono alcuno
quest'allegrezza solitaria.
Filerà nell'aria
o scenderà s'un paletto
qualche galletto di marzo.

QUASE UMA FANTASIA

Amanhece, eu pressinto
pelo alvor de prata
frusta nas paredes:
risca um vislumbre as janelas fechadas.
De novo o advento
do sol e as difusas
vozes, ruídos de hábito não traz.

Por quê? Penso num dia encantado
e do carrossel de horas sempre iguais
me reparo. Transbordará a força
que me intumescia, mago inconsciente,
há muito tempo. Agora hei de ir lá fora,
arrasar altas casas, nuas avenidas.

Diante mim terei terra de intactas neves
mas leves como vistas em tapeçaria.
Deslizará do céu cotonoso um raio tardio.
Prenhes de luz invisível, florestas e montes
far-me-ão o louvor dos regressos festivos.

Lerei contente os negros
signos de ramos no branco
como um essencial alfabeto.
Há o passado em conjunto
de ser-me adiante bem visto.
Não há de turvar som algum
essa alegria solitária.
Cruzará o ar
ou pousará numa estaca
algum galinho de março.

SARCOFAGHI

Dove se ne vanno le ricciute donzelle
che recano le colme anfore su le spalle
ed hanno il fermo passo sì leggero;
e in fondo uno sbocco di valle
invano attende le belle
cui adombra una pergola di vigna
e i grappoli ne pendono oscillando.
Il sole che va in alto,
le intraviste pendici
non han tinte: nel blando
minuto la natura fulminata
atteggia le felici
sue creature, madre non matrigna,
in levità di forme.
Mondo che dorme o mondo che si gloria
d'immutata esistenza, chi può dire?,
uomo che passi, e tu dagli
il meglio ramicello del tuo orto.
Poi segui: in questa valle
non è vicenda di buio e di luce.
Lungi di qui la tua via ti conduce,
non c'è asilo per te, sei troppo morto:
seguita il giro delle tue stelle.
E dunque addio, infanti ricciutelle,
portate le colme anfore su le spalle.

SARCÓFAGOS

Aonde vão as donzelas cacheadas
que ao ombro levam ânforas redondas
e marcam o passo firme com leveza;
e uma saída do vale ao fundo
em vão aguarda as belas
que sombreia uma pérgola de vinhas
com cachos que pendoam oscilando.
O sol que está no alto,
as entrevistas vertentes
não têm cor: no brando
minuto a natureza fulminada
afeiçoa as felizes
criaturas suas, mãe não madrasta,
em leveza de formas.
Mundo que dorme ou mundo em glória
de imutável existência, quem sabe?
homem que passas, e hás de dar-lhe
o melhor dos raminhos de teu horto.
Segue depois: neste vale
não existe revés de treva ou luz.
Longe daqui teu caminho conduz,
não há asilo para ti, és muito morto:
prossegue o curso de tuas estrelas.
E então adeus, meninas cacheadas,
trazei as ânforas redondas ao ombro.

***

*Ora sia il tuo passo
più cauto: a un tiro di sasso
di qui ti si prepara
una più rara scena.
La porta corrosa d'un tempietto
è rinchiusa per sempre.
Una grande luce è diffusa
sull'erbosa soglia.
E qui dove peste umane
non suoneranno, o fittizia doglia,
vigila steso al suolo un magro cane.
Mai più si muoverà
in quest'ora che s'indovina afosa.
Sopra il tetto s'affaccia
una nuvola grandiosa.*

***

Teu passo seja agora
mais cauto: a um tiro de pedra
daqui se te prepara
uma cena mais rara.
A porta corroída de um templete
fechou-se para sempre.
Uma grande luz se difunde
na soleira herbosa.
E aqui onde passos humanos
não vão ressoar, nem fictícia dor,
um cão magro vigila deitado.
Jamais há de mover-se
nessa hora que anuncia calor.
Assoma sobre o telhado
uma nuvem grandiosa.

***

*Il fuoco che scoppietta
nel caminetto verdeggia
e un'aria oscura grava
sopra un mondo indeciso. Un vecchio stanco
dorme accanto a un alare
il sonno dell'abbandonato.
In questa luce abissale
che finge il bronzo, non ti svegliare
addormentato! E tu camminante
procedi piano; ma prima
un ramo aggiungi alla fiamma
del focolare e una pigna
matura alla cesta gettata
nel canto: ne cadono a terra
le provvigioni serbate
pel viaggio finale.*

***

O fogo que crepita
na lareira esverdeia
e um ar escuro pesa
sobre um mundo indeciso. Um velho cansado
dorme ao pé dum trasfogueiro
o sono do abandonado.
Nessa luz abissal
que imita o bronze, não despertes
adormecido! E tu caminhante
prossegue devagar; mas antes
junta um ramo à chama
do lar e alguma pinha
madura à cesta atirada
num canto: caem por terra
as provisões reservadas
para a viagem final.

***

Ma dove cercare la tomba
dell'amico fedele e dell'amante;
quella del mendicante e del fanciullo;
dove trovare un asilo
per codesti che accolgono la brace
dell'originale fiammata;
oh da un segnale di pace lieve come un trastullo
l'urna ne sia effigiata!
Lascia la taciturna folla di pietra
per le derelitte lastre
ch'ànno talora inciso
il simbolo che più turba
poiché il pianto ed il riso
parimenti ne sgorgano, gemelli.
Lo guarda il triste artiere che al lavoro si reca
e già gli batte ai polsi una volontà cieca.
Tra quelle cerca un fregio primordiale
che sappia pel ricordo che ne avanza
trarre l'anima rude
per vie di dolci esigli:
un nulla, un girasole che si schiude
ed intorno una danza di conigli...

***

Mas onde procurar o túmulo
do amigo fiel e do apaixonado;
a campa do mendigo e a do menino;
onde encontrar um asilo
para esses que acolhem o brasido
da labareda original;
oh seja um signo de paz leve como um agrado
a efígie de sua urna!
Deixa a taciturna multidão de pedra
para as lousas derrelitas
onde se grava às vezes o símbolo
que é mais perturbador
pois gêmeos choro e riso
desata a par e passo.
O triste artífice o vê a caminho do trabalho
e já lhe lateja nos pulsos uma cega vontade.
Busca entre as lajes um friso primordial
que saiba com vestígios de memória
trazer a alma rude
por via de doces exílios:
um nada, um girassol que desabrocha
e à roda uma dança de coelhos...

ALTRI VERSI

Vento e bandiere

La folata che alzò l'amaro aroma
del mare alle spirali delle valli,
e t'investì, ti scompigliò la chioma,
groviglio breve contro il cielo pallido;

la raffica che t'incollò la veste
e ti modulò rapida a sua imagine,
com'è tornata, te lontana, a queste
pietre che sporge il monte alla voragine;

e come spenta la furia briaca
ritrova ora il giardino il sommesso alito
che ti cullò, riversa sull'amaca,
tra gli alberi, ne' tuoi voli senz'ali.

Ahimè, non mai due volte configura
il tempo in egual modo i grani! E scampo
n'è: ché, se accada, insieme alla natura
la nostra fiaba brucerà in un lampo.

Sgorgo che non s'addoppia, — ed or fa vivo
un gruppo di abitati che distesi
allo sguardo sul fianco d'un declivo
si parano di gale e di palvesi.

Il mondo esiste... Uno stupore arresta
il cuore che ai vaganti incubi cede,
messaggeri del vespero: e non crede
che gli uomini affamati hanno una festa.

OUTROS VERSOS

Vento e bandeiras

A lufada que alçou o amaro aroma
vindo do mar às espirais dos vales
e te investiu, desarranjou os cabelos,
desalinho breve contra o céu pálido;

a rajada que te colou o vestido
e te modulou rápida à sua imagem,
como tornou, em tua ausência, a estas
pedras que expõe o monte à voragem;

e como extinta a fúria embriagada
já recobra o jardim a submissa aragem
que te embalou, sobre a rede tombada,
entre as árvores, em teus vôos sem asas.

Não modela o tempo duas vezes
de igual modo os grãos! E é a salvação:
pois, caso aconteça, com a natureza
num relance nossos contos arderão.

O ímpeto não redobra, — e agora dá vida
a um grupo de vivendas estendidas
à vista que no flanco de uma encosta
se paramentam de galas e galhardetes.

O mundo existe... O pasmo sofreia
o coração que se rende aos pesadelos,
núncios vagantes do véspero: e não crê
que homens famintos façam uma festa.

Fuscello teso dal muro...

Fuscello teso dal muro
sì come l'indice d'una
meridiana che scande la carriera
del sole e la mia, breve;
in una additi i crepuscoli
e alleghi sul tonaco
che imbeve la luce d'accesi
riflessi — e t'attedia la ruota
che in ombra sul piano dispieghi,
t'è noja infinita la volta
che stacca da te una smarrita
sembianza come di fumo
e grava con l'infittita
sua cupola mai dissolta.

Ma tu non adombri stamane
più il tuo sostegno ed un velo
che nella notte hai strappato
a un'orda invisibile pende
dalla tua cima e risplende
ai primi raggi. Laggiù,
dove la piana si scopre
del mare, un trealberi carico
di ciurma e di preda reclina
il bordo a uno spiro, e via scivola.
Chi è in alto e s'affaccia s'avvede
che brilla la tolda e il timone
nell'acqua non scava una traccia.

Graveto estendido do muro...

Graveto estendido do muro
como o indicador de uma
meridiana que escande a carreira
do sol e a minha, breve;
à uma apontas os crepúsculos
e alinhas no reboco
que embebe a luz de vívidos
reflexos — e te enfara a roda
que na sombra e no plano perfazes,
é infinito teu fastio do arco
que destaca de ti um apagado
semblante como de fumo,
e pesa com sua espessa
cúpula jamais dissipada.

Mas não adumbras de manhã
o teu esteio mais, e um véu
que durante a noite arrancaste
a alguma horda invisível pende
do teu alto e resplende
aos primeiros raios. Lá longe,
onde se descobre a planura
do mar, um veleiro carregado
de chusma e de presas inclina
o bordo a um sopro, e desliza.
Quem está no alto e se achega repara
que brilha o convés e o leme
na água não cava uma esteira.

OSSOS DE SÉPIA
OSSI DI SEPPIA

*Non chiederci la parola che squadri da ogni lato
l'animo nostro informe, e a lettere di fuoco
lo dichiari e risplenda come un croco
perduto in mezzo a un polveroso prato.*

*Ah l'uomo che se ne va sicuro,
agli altri ed a se stesso amico,
e l'ombra sua non cura che la canicola
stampa sopra uno scalcinato muro!*

*Non domandarci la formula che mondi possa aprirti,
sì qualche storta sillaba e secca come un ramo.
Codesto solo oggi possiamo dirti,
ciò che non siamo, ciò che non vogliamo.*

Não nos peças a palavra que acerte cada lado
de nosso ânimo informe, e com letras de fogo
o aclare e resplandeça como açaflor
perdido em meio de poeirento prado.

Ah o homem que lá se vai seguro,
dos outros e de si próprio amigo,
e sua sombra descura que a canícula
estampa num escalavrado muro!

Não nos peças a fórmula que te possa abrir mundos,
e sim alguma sílaba torcida e seca como um ramo.
Hoje apenas podemos dizer-te
o que *não* somos, o que *não* queremos.

***

Meriggiare pallido e assorto
presso un rovente muro d'orto,
ascoltare tra i pruni e gli sterpi
schiocchi di merli, frusci di serpi.

Nelle crepe del suolo o su la veccia
spiar le file di rosse formiche
ch'ora si rompono ed ora s'intrecciano
a sommo di minuscole biche.

Osservare tra frondi il palpitare
lontano di scaglie di mare
mentre si levano tremuli scricchi
di cicale dai calvi picchi.

E andando nel sole che abbaglia
sentire con triste meraviglia
com'è tutta la vita e il suo travaglio
in questo seguitare una muraglia
che ha in cima cocci aguzzi di bottiglia.

***

Passar à sesta pálido e absorto
rente dum abrasado muro de horto,
escutar entre sarças e espinhos
cicios de cobra, pio de passarinhos.

Nas ervilhas ou em gretas do solo
espiar carreiras de rubras formigas
que ora se separam ora se ligam
ao cruzarem nalgum monte minúsculo.

Observar entre frondes o palpitar
distante das escamas do mar
enquanto se eleva o tremor estrídulo
das cigarras nalgum alto escalvado.

E andando no sol, encandeado,
sentir como triste maravilha
como é toda a vida e as suas lidas
neste acompanhar uma muralha
que em cima tem cacos de garrafas partidas.

***

*Non rifugiarti nell'ombra
di quel fólto di verzura
come il falchetto che strapiomba
fulmineo nella caldura.*

*È ora di lasciare il canneto
stento che pare s'addorma
e di guardare le forme
della vita che si sgretola.*

*Ci muoviamo in un pulviscolo
madreperlaceo che vibra,
in un barbaglio che invischia
gli occhi e un poco ci sfibra.*

*Pure, lo senti, nel gioco d'aride onde
che impigra in quest'ora di disagio
non buttiamo già in un gorgo senza fondo
le nostre vite randage.*

*Come quella chiostra di rupi
che sembra sfilaccicarsi
in ragnatele di nubi;
tali i nostri animi arsi*

*in cui l'illusione brucia
un fuoco pieno di cenere
si perdono nel sereno
di una certezza: la luce.*

***

Não busques na mata escura
um refúgio como a ógea
que fulmina na quentura
e a prumo na sombra se arroja.

É hora de deixar o caniçal
que murcho parece dormir
e de reparar para as formas
da vida que se esmigalha.

Movemo-nos em poalha
feita de nácar que vibra,
ofusca e envisga os olhos
e um pouco nos desanima.

Sentes, contudo, o jogo de ondas áridas
que nessa hora incômoda esmorecem
não faz que na voragem se arremessem
as nossas vadias vidas.

Tais como as cristas da serrania
que fibras puídas parecem-nos
das nuvens que se desfiam,
nossos adustos ânimos

em que a ilusão calcina
um fogo cheio de cinza
perdem-se na limpidez
de uma certeza: a luz.

***

a K.

*Ripenso il tuo sorriso, ed è per me un'acqua limpida
scorta per avventura tra le petraie d'un greto,
esiguo specchio in cui guardi un'ellera i suoi corimbi;
e su tutto l'abbraccio d'un bianco cielo quieto.*

*Codesto è il mio ricordo; non saprei dire, o lontano,
se dal tuo volto s'esprime libera un'anima ingenua,
o vero tu sei dei raminghi che il male del mondo estenua
e recano il loro soffrire con sé come un talismano.*

*Ma questo posso dirti, che la tua pensata effigie
sommerge i crucci estrosi in un'ondata di calma,
e che il tuo aspetto s'insinua nella mia memoria grigia
schietto come la cima d'una giovinetta palma...*

***

a K.

Revoco o teu sorriso, e é para mim água límpida
avistada porventura num cascalho seco de rio,
exíguo espelho em que olhar uma hera os seus corimbos;
e por cima o abraço de um céu quieto e branco.

Esta é a minha lembrança; dizer não sei, ó distante,
se em teu rosto se exprime alma ingênua em liberdade,
ou és daqueles que andam a esmo e o mal do mundo cansa,
levando o próprio sofrer como fosse um talismã.

Mas sim te posso dizer que tua evocada imagem
imerge em onda de calma as fantasias cruciantes,
e que teu aspecto se insinua em minha memória cinzenta
esguio como o ápice duma palmeira jovem...

***

*Mia vita, a te non chiedo lineamenti
fissi, volti plausibili o possessi.
Nel tuo giro inquieto ormai lo stesso
sapore han miele e assenzio.*

*Il cuore che ogni moto tiene a vile
raro è squassato da trasalimenti.
Così suona talvolta nel silenzio
della campagna un colpo di fucile.*

***

Minha vida, a ti não peço traços
firmes, ares plausíveis ou de posse.
No teu giro inquieto já o mesmo
sabor têm o mel e a losna.

Em coração que desdenha os impulsos
o abalo do sobressalto é coisa rara.
Soa assim às vezes no silêncio
do campo um tiro de arma que dispara.

***

Portami il girasole ch'io lo trapianti
nel mio terreno bruciato dal salino,
e mostri tutto il giorno agli azzurri specchianti
del cielo l'ansietà del suo volto giallino.

Tendono alla chiarità le cose oscure,
si esauriscono i corpi in un fluire
di tinte: queste in musiche. Svanire
è dunque la ventura delle venture.

Portami tu la pianta che conduce
dove sorgono bionde trasparenze
e vapora la vita quale essenza;
portami il girasole impazzito di luce.

***

Traz-me o girassol que eu o transplante
no meu terreno queimado de maresia,
e a ansiedade de sua face amarela mostre
aos azuis brilhantes do céu todo o dia.

Tendem à claridade as coisas obscuras,
exaurem-se os corpos num decorrer
de tintes: esses em música. Esvaecer
é portanto a ventura das venturas.

Traz-me tu a planta que conduz
aonde surgem louras transparências
e evapora-se a vida como essência;
traz-me o girassol enlouquecido de luz.

***

Spesso il male di vivere ho incontrato:
era il rivo strozzato che gorgoglia,
era l'incartocciarsi della foglia
riarsa, era il cavallo stramazzato.

Bene non seppi, fuori del prodigio
che schiude la divina Indifferenza:
era la statua nella sonnolenza
del meriggio, e la nuvola, e il falco alto levato.

***

Muito tenho o mal de viver encontrado:
era o riacho entalado que gorgolha,
era o encarquilhar-se da folha
estorricada, era o cavalo estatelado.

Bem não soube, afora o prodígio
que revela a divina Indiferença:
era a estátua na sonolência
do meio-dia, e a nuvem, e o falcão remontado.

***

Ciò che di me sapeste
non fu che la scialbatura,
la tonaca che riveste
la nostra umana ventura.

Ed era forse oltre il telo
l'azzurro tranquillo;
vietava il limpido cielo
solo un sigillo.

O vero c'era il falòtico
mutarsi della mia vita,
lo schiudersi d'un'ignita
zolla che mai vedrò.

Restò così questa scorza
la vera mia sostanza;
il fuoco che non si smorza
per me si chiamò: l'ignoranza.

Se un'ombra scorgete, non è
un'ombra — ma quella io sono.
Potessi spiccarla da me,
offrirvela in dono.

***

O que de mim soubestes
foi somente a cobertura,
a túnica que reveste
a nossa humana ventura.

E talvez além do véu
houvesse um azul tranqüilo;
a vedar o límpido céu
só um sigilo.

Ou ao invés fosse fantástica
a mudança em minha vida,
o descortinar de incendida
plaga que não verei mais.

Restou assim esta capa
da minha real substância;
o fogo que não se apaga
para mim se chamou: ignorância.

Se sombra avistardes, não será
uma sombra — eu hei de ser.
Pudesse arrancá-la de mim,
eu vos haveria de a oferecer.

***

Portovenere

Là fuoresce il Tritone
dai flutti che lambiscono
le soglie d'un cristiano
tempio, ed ogni ora prossima
è antica. Ogni dubbiezza
si conduce per mano
come una fanciulletta amica.

Là non è chi si guardi
o stia di sé in ascolto.
Quivi sei alle origini
e decidere è stolto:
ripartirai più tardi
per assumere un volto.

***

Portovenere

Lá emerge o Tritão
das ondas que lambem
as soleiras de um templo
cristão, cada hora por vir
é antiga. Toda dubiez
pega-se pela mão
como a uma menina amiga.

Lá não há quem se olhe
ou esteja de si à escuta.
Aí estás nas origens
e decidir é irrelevante:
mais tarde partirás
para assumir um semblante.

***

*So l'ora in cui la faccia più impassibile
è traversata da una cruda smorfia:
s'è svelata per poco una pena invisibile.
Ciò non vede la gente nell'affollato corso.*

*Voi, mie parole, tradite invano il morso
secreto, il vento che nel cuore soffia.
La più vera ragione è di chi tace.
Il canto che singhiozza è un canto di pace.*

***

Sei a hora em que a face mais impassível
é atravessada por um cruel esgar:
desvenda-se por um triz uma pena invisível.
Na rua apinhada ninguém a pode enxergar.

Vós, minhas palavras, em vão traís o aguilhão
secreto, o vento que sopra no coração.
A verdadeira razão está em calar-se.
O canto que soluça é um canto de paz.

***

*Gloria del disteso mezzogiorno
quand'ombra non rendono gli alberi,
e più e più si mostrano d'attorno
per troppa luce, le parvenze, falbe.*

*Il sole, in alto, — e un secco greto.
Il mio giorno non è dunque passato:
l'ora più bella è di là dal muretto
che rinchiude in un occaso scialbato.*

*L'arsura, in giro; un martin pescatore
volteggia s'una reliquia di vita.
La buona pioggia è di là dallo squallore,
ma in attendere è gioia più compita.*

***

Glória do estendido meio-dia
quando sombra não vem das árvores;
e ao redor, pela luz em demasia
mais fulvas parecem todas as cores.

O sol, a pino, — e um seco pedregulho.
Meu dia portanto não é passado:
a hora mais bela está além do muro
que encerra num ocaso caiado.

A soalheira, à roda; um martim-pescador
volteia sobre uma relíquia de vida.
A boa chuva está além do dia assolador,
mas na espera há mais alegria contida.

***

Felicità raggiunta, si cammina
per te su fil di lama.
Agli occhi sei barlume che vacilla,
al piede, teso ghiaccio che s'incrina;
e dunque non ti tocchi chi più t'ama.

Se giungi sulle anime invase
di tristezza e le schiari, il tuo mattino
è dolce e turbatore come i nidi delle cimase.
Ma nulla paga il pianto del bambino
a cui fugge il pallone tra le case.

***

Felicidade alcançada, de quem
anda por ti em lâmina acerada.
Aos olhos és vislumbre que vacila,
ao passo, gelo tenso que estala;
e não te toque pois o que mais amor te tem.

Se vens sobre as almas invadidas
de tristeza e as aclaras, teu ar matutino
é doce e perturbador como os ninhos dos beirais.
Mas nada repara choro de menino
a que escapa uma bola pelos quintais.

***

*Il canneto rispunta i suoi cimelli
nella serenità che non si ragna:
l'orto assetato sporge irti ramelli
oltre i chiusi ripari, all'afa stagna.*

*Sale un'ora d'attesa in cielo, vacua,
dal mare che s'ingrigia.
Un albero di nuvole sull'acqua
cresce, poi crolla come di cinigia.*

*Assente, come manchi in questa plaga
che ti presente e senza te consuma:
sei lontana e però tutto divaga
dal suo solco, dirupa, spare in bruma.*

***

Dos caniços ressaem suas pontas
na claridade que não se esgarça:
o horto sôfrego estira ramos hirtos
dos abrigos ao estanque mormaço.

Sobe uma hora de espera ao céu, vácua,
do mar acinzentado.
Uma árvore de nuvens sobre a água
cresce, depois desaba como rescaldo.

Ausente, tu fazes falta a esta plaga
que te pressente e sem ti arrefece:
estás longe e então tudo divaga
do rumo, rui, em bruma desaparece.

***

Forse un mattino andando in un'aria di vetro,
arida, rivolgendomi, vedrò compirsi il miracolo:
il nulla alle mie spalle, il vuoto dietro
di me, con un terrore di ubriaco.

Poi come s'uno schermo, s'accamperanno di gitto
alberi case colli per l'inganno consueto.
Ma sarà troppo tardi; ed io me n'andrò zitto
tra gli uomini che non si voltano, col mio segreto.

***

Talvez uma manhã andando num ar de vidro,
árido, voltando-me, verei cumprir-se o milagre:
o nada às minhas costas, o vazio atrás
de mim, com um terror de embriagado.

Depois como em painel, assentarão de um lanço
árvores casas colinas para o habitual engano.
Mas será tarde demais; e eu irei muito quedo
entre os homens que não se voltam, com meu segredo.

***

*Valmorbia, discorrevano il tuo fondo
fioriti nuvoli di piante agli àsoli.
Nasceva in noi, volti dal cieco caso,
oblio del mondo.*

*Tacevano gli spari, nel grembo solitario
non dava suono che il Leno roco.
Sbocciava un razzo su lo stelo, fioco
lacrimava nell'aria.*

*Le notti chiare erano tutte un'alba
e portavano volpi alla mia grotta.
Valmorbia, un nome — e ora nella scialba
memoria, terra dove non annotta.*

***

Valmorbia, em teu fundo discorriam
flóreas nuvens de plantas ao vento.
Nascia em nós, na ronda do cego acaso,
do mundo o esquecimento.

Calavam os tiros, no solitário recesso
só ressoava o Leno cavernoso.
Brotava um foguete da haste, mortiço
no ar, lacrimoso.

As noites claras, todas de alvorada,
levavam raposas à minha gruta.
Valmorbia, um nome — e na apagada
memória, terra onde não faz escuro.

***

Tentava la vostra mano la tastiera,
i vostri occhi leggevano sul foglio
gl'impossibili segni; e franto era
ogni accordo come una voce di cordoglio.

Compresi che tutto, intorno, s'inteneriva
in vedervi inceppata inerme ignara
del linguaggio più vostro: ne bruiva
oltre i vetri socchiusi la marina chiara.

Passò nel riquadro azzurro una fugace danza
di farfalle; una fronda si scrollò nel sole.
Nessuna cosa prossima trovava le sue parole,
ed era mia, era nostra, *la vostra dolce ignoranza.*

***

Tocava a vossa mão no teclado,
ia lendo na folha o vosso olhar
os sinais impossíveis; e era quebrado
cada acorde como voz de pesar.

Entendi que tudo, à volta, se enternecia
em ver-vos tolhida inerme ignara
da linguagem mais vossa: ciciava
pelo vidro encostado a marinha clara.

Passou no espaço azul uma fugaz dança
de borboletas; uma fronde se agitou no sol.
Nenhuma coisa próxima achava as suas palavras,
e era minha, era *nossa*, a vossa doce ignorância.

***

La farandola dei fanciulli sul greto
era la vita che scoppia dall'arsura.
Cresceva tra rare canne e uno sterpeto
il cespo umano nell'aria pura.

Il passante sentiva come un supplizio
il suo distacco dalle antiche radici.
Nell'età d'oro florida sulle sponde felici
anche un nome, una veste, erano un vizio.

***

A farândola das crianças no vau vazio
era a vida que explode da quentura.
Entre canas ralas e um espinheiro crescia
o rebento humano no ar puro.

O passante sentia como um suplício
a sua distância das antigas raízes.
Na idade de ouro em flor nas margens felizes
até um nome, uma roupa, eram um vício.

***

*Debole sistro al vento
d'una persa cicala,
toccato appena e spento
nel torpore ch'esala.*

*Dirama dal profondo
in noi la vena
segreta: il nostro mondo
si regge appena.*

*Se tu l'accenni, all'aria
bigia treman corrotte
le vestigia
che il vuoto non ringhiotte.*

*Il gesto indi s'annulla,
tace ogni voce,
discende alla sua foce
la vita brulla.*

***

Débil sistro ao vento
duma perdida cigarra,
tocado apenas e extinto
no torpor que exala.

Difunde-se do imo
em nós a veia
secreta: nosso mundo
se sustenta mal.

Faz um aceno, e no ar
cinza tremem corroídos
os vestígios
que o vácuo não traga.

Daí o gesto se elide,
cala-se cada voz,
corre para a foz
a árida vida.

***

Cigola la carrucola del pozzo,
l'acqua sale alla luce e vi si fonde.
Trema un ricordo nel ricolmo secchio,
nel puro cerchio un'immagine ride.
Accosto il volto a evanescenti labbri:
si deforma il passato, si fa vecchio,
appartiene ad un altro...
                    Ah che già stride
la ruota, ti ridona all'atro fondo,
visione, una distanza ci divide.

***

Chia a roldana dentro da cisterna,
a água sobe à luz e nela se funde.
Uma lembrança freme em balde cheio,
no puro círculo ri-se uma imagem.
Encosto o rosto a evanescentes lábios:
deforma-se o passado, faz-se velho,
pertence a um outro...
                   Ah que já range
a roda, devolve-te ao negro fundo,
visão, uma distância nos separa.

***

Arremba su la strinata proda
le navi di cartone, e dormi,
fanciulletto padrone: che non oda
tu i malevoli spiriti che veleggiano a stormi.

Nel chiuso dell'ortino svolacchia il gufo
e i fumacchi dei tetti sono pesi.
L'attimo che rovina l'opera lenta di mesi
giunge: ora incrina segreto, ora divelge in un buffo.

Viene lo spacco; forse senza strepito.
Chi ha edificato sente la sua condanna.
È l'ora che si salva solo la barca in panna.
Amarra la tua flotta tra le siepi.

***

Atraca junto à crestada margem
os barcos de papel; vai dormir
patrão menino: não deves ouvir
os bandos de espíritos que no ar malévolos pairem.

No recesso do horto o mocho esvoaça
e pesam nos tetos penachos de fumaça.
O instante que arruína meses de lavor lento
chega: ora eiva em segredo, ora arranca num vento.

Aparece a fratura; sem alarde talvez.
Quem construiu, sente-se condenado.
É quando só se salva o barco parado.
Amarra a tua frota entre as sebes.

***

Upupa, ilare uccello calunniato
dai poeti, che roti la tua cresta
sopra l'aereo stollo del pollaio
e come un finto gallo giri al vento;
nunzio primaverile, upupa, come
per te il tempo s'arresta,
non muore più il Febbraio,
come tutto di fuori si protende
al muover del tuo capo,
aligero folletto, e tu lo ignori.

***

Poupa, álacre pássaro caluniado
pelos poetas, que giras a crista
em haste aérea de um galinheiro
e como falso galo giras ao vento;
núncio primaveril, poupa, como
por ti se detém o tempo,
não morre mais Fevereiro,
como tudo de fora se expõe
ao mover-se tua cabeça,
diabinho alígero, e tu o ignoras.

***

*Sul muro grafito
che adombra i sedili rari
l'arco del cielo appare
finito.*

*Chi si ricorda più del fuoco ch'arse
impetuoso
nelle vene del mondo; — in un riposo
freddo le forme, opache, sono sparse.*

*Rivedrò domani le banchine
e la muraglia e l'usata strada.
Nel futuro che s'apre le mattine
sono ancorate come barche in rada.*

***

Sobre o muro rabiscado
que dá sombra a alguns assentos,
o arco do céu aparece
acabado.

Quem lembra ainda o fogo que ardeu
impetuoso
nas veias do mundo; — num repouso
frio as formas dispersam-se, opacas.

Reverei amanhã os banquinhos
e a muralha e a rua de cada dia.
No futuro que se abre as manhãs
ancoram como os barcos na baía.

MEDITERRÂNEO

MEDITERRANEO

A vortice s'abbatte
sul mio capo reclinato
un suono d'agri lazzi.
Scotta la terra percorsa
da sghembe ombre di pinastri,
e al mare là in fondo fa velo
più che i rami, allo sguardo, l'afa che a tratti erompe
dal suolo che si avvena.
Quando più sordo o meno il ribollio dell'acque
che s'ingorgano
accanto a lunghe secche mi raggiunge:
o è un bombo talvolta ed un ripiovere
di schiume sulle rocce.
Come rialzo il viso, ecco cessare
i ragli sul mio capo; e via scoccare
verso le strepeanti acque,
frecciate biancazzurre, due ghiandaie.

Em rodopio se abate
em minha cabeça baixa
o som de ácidas pilhérias.
Escalda a terra perpassada
de esconsas sombras de pinheiros,
e lá no fundo sobre o mar tapa
mais que os ramos, a vista, o bafo que em turnos irrompe
do solo que se estria.
Conquanto mais surdo ou menos o rebojo das águas
que se engolfam
junto aos longos baixios me alcança:
ou há estrondo às vezes e esborrifar
de espuma sobre as rochas.
Quando o rosto levanto, eis que cessam
os berros sobre a cabeça; e disparam
rumo às estrepitosas águas
em azul e branco as flechas de dois gaios.

***

*Antico, sono ubriacato dalla voce
ch'esce dalle tue bocche quando si schiudono
come verdi campane e si ributtano
indietro e si disciolgono.
La casa delle mie estati lontane
t'era accanto, lo sai,
là nel paese dove il sole cuoce
e annuvolano l'aria le zanzare.
Come allora oggi in tua presenza impietro,
mare, ma non più degno
mi credo del solenne ammonimento
del tuo respiro. Tu m'hai detto primo
che il piccino fermento
del mio cuore non era che un momento
del tuo; che mi era in fondo
la tua legge rischiosa: esser vasto e diverso
e insieme fisso:
e svuotarmi così d'ogni lordura
come tu fai che sbatti sulle sponde
tra sugheri alghe asterie
le inutili macerie del tuo abisso.*

***

Antigo, sou inebriado pela voz
que sai de tuas bocas ao se abrirem
como verdes campanas e se jogam
para trás e dissolvem.
A casa dos verões meus, distantes,
estava ao pé de ti, bem sabes disso,
lá na terra onde o sol é escaldante
e o ar se anuvia com os mosquitos.
Como então petrifico em tua frente,
mar, porém não mais digno
me creio hoje da solene advertência
do teu alento. Logo me disseste
que o diminuto fermento
do meu coração era só um momento
do teu; que em mim estava no fundo
tua arriscada lei: ser vasto e diverso
e fixo ao mesmo tempo:
e esvaziar-me assim de todo dejeto
como fazes tu que atiras nas bordas
com cortiças algas astérias
os destroços inúteis de teu abismo.

***

*Scendendo qualche volta
gli aridi greppi ormai
divisi dall'umoroso
Autunno che li gonfiava,
non m'era più in cuore la ruota
delle stagioni e il gocciare
del tempo inesorabile;
ma bene il presentimento
di te m'empiva l'anima,
sorpreso nell'ansimare
dell'aria, prima immota,
sulle rocce che orlavano il cammino.
Or, m'avvisavo, la pietra
voleva strapparsi, protesa
a un invisibile abbraccio;
la dura materia sentiva
il prossimo gorgo, e pulsava;
e i ciuffi delle avide canne
dicevano all'acque nascoste,
scrollando, un assentimento.
Tu vastità riscattavi
anche il patire dei sassi:
pel tuo tripudio era giusta
l'immobilità dei finiti.
Chinavo tra le petraie,
giungevano buffi salmastri
al cuore; era la tesa
del mare un giuoco di anella.
Con questa gioia precipita
dal chiuso vallotto alla spiaggia
la spersa pavoncella.*

***

Descendo algumas vezes
as áridas encostas
cortadas pelo humor
de outono que as inchava,
já não sentia no peito a ronda
das estações e o gotejar
do tempo inexorável;
mas o pressentimento
de ti calava-me n'alma,
surpreendido no arfar
dum sopro, antes imóvel,
nos rochedos que orlavam o caminho.
Então, entendia, a pedra
queria soltar-se, tendida
a um abraço invisível;
a dura matéria sentia
perto a voragem, e pulsava;
e os tufos das ávidas canas
davam às águas ocultas,
nutantes, um assentimento.
Tu, vastidão, resgatavas
até o padecer das pedras:
para teu tripúdio era justa
a imobilidade dos finitos.
Arriando entre os rochedos,
chegavam-me ares salobros
ao coração: estendia-se
no mar um jogo de aros.
Com essa alegria salta
de dentro da fresta na praia
a dispersa ave-fria.

***

Ho sostato talvolta nelle grotte
che t'assecondano, vaste
o anguste, ombrose e amare.
Guardati dal fondo gli sbocchi
segnavano architetture
possenti campite di cielo.
Sorgevano dal tuo petto
rombante aerei templi,
guglie scoccanti luci:
una città di vetro dentro l'azzurro netto
via via si discopriva da ogni caduco velo
e il suo rombo non era che un susurro.
Nasceva dal fiotto la patria sognata.
Dal subbuglio emergeva l'evidenza.
L'esiliato rientrava nel paese incorrotto.
Così, padre, dal tuo disfrenamento
si afferma, chi ti guardi, una legge severa.
Ed è vano sfuggirla: mi condanna
s'io lo tento anche un ciottolo
róso sul mio cammino,
impietrato soffrire senza nome,
o l'informe rottame
che gittò fuor del corso la fiumara
del vivere in un fitto di ramure e di strame.
Nel destino che si prepara
c'è forse per me sosta,
niun'altra mai minaccia.
Questo ripete il flutto in sua furia incomposta,
e questo ridice il filo della bonaccia.

***

Pousei algumas vezes nas grutas
que se amoldam a ti, vastas
ou angustas, umbrosas e amargas.
Vistas de dentro, as bocas
delineavam arquiteturas
possantes em fugente de céu.
Surgiam de teu peito
estrondoso aéreos templos,
agulhas dardejando luzes:
uma cidade de vidro dentro do azul límpido
a par e passo se despia de todo caduco véu
e seu estrondo era apenas um sussurro.
Nascia da maré a pátria sonhada.
Do escarcéu emergia a evidência.
O exilado voltava ao reino impoluto.
Assim, pai, o teu modo irrefreado
afirma, a quem notar, uma lei severa.
E é vão evadi-la: condena-me
se o tento mesmo um seixo
erodido em meu caminho,
petrificado sofrer sem nome,
ou a escória informe
que lançou fora do curso a torrente
do viver num liame de ramos e de palha.
No destino que se prepara
terei talvez uma pausa,
nenhuma ameaça mais.
É o que repete a onda em sua fúria descomposta
e é o que rediz a linha da bonança.

***

Giunge a volte, repente,
un'ora che il tuo cuore disumano
ci spaura e dal nostro si divide.
Dalla mia la tua musica sconcorda,
allora, ed è nemico ogni tuo moto.
In me ripiego, vuoto
di forze, la tua voce pare sorda.
M'affisso nel pietrisco
che verso te digrada
fino alla ripa acclive che ti sovrasta,
franosa, gialla, solcata
da strosce d'acqua piovana.
Mia vita è questo secco pendio,
mezzo non fine, strada aperta a sbocchi
di rigagnoli, lento franamento.
È dessa, ancora, questa pianta
che nasce dalla devastazione
e in faccia ha i colpi del mare ed è sospesa
fra erratiche forze di venti.
Questo pezzo di suolo non erbato
s'è spaccato perché nascesse una margherita.
In lei tìtubo al mare che mi offende,
manca ancora il silenzio nella mia vita.
Guardo la terra che scintilla,
l'aria è tanto serena che s'oscura.
E questa che in me cresce
è forse la rancura
che ogni figliuolo, mare, ha per il padre.

***

Chega às vezes, de súbito,
hora em que teu coração desumano
nos assusta e de nós toma distância.
Da minha a tua música destoa,
então, e são hostis os teus impulsos.
Retraio-me, vazio
de forças, tua voz parece surda.
Fito o cascalho
que rumo a ti resvala
até a encosta a prumo que domina,
ruinosa, amarela, sulcada
de enxurros de água pluvial.
Minha vida é essa seca pendente,
meio não fim, via aberta ao despejo
dos regos, um lento desabamento.
É dela, ainda, essa planta
que da devastação nasce e recebe
golpes do mar na face, e é suspensa
entre as erráticas forças do vento.
O descarnado pedaço de solo
abriu-se para nascer a margarida.
Nela titubeio ao mar que me ofende,
falta ainda silêncio em minha vida.
Olho a terra que cintila,
o ar é tão límpido que escurece.
E o que em mim cresce
é talvez o rancor
que todo filho, mar, tem por seu pai.

***

*Noi non sappiamo quale sortiremo
domani, oscuro o lieto;
forse il nostro cammino
a non tócche radure ci addurrà
dove mormori eterna l'acqua di giovinezza;
o sarà forse un discendere
fino al vallo estremo,
nel buio, perso il ricordo del mattino.
Ancora terre straniere
forse ci accoglieranno: smarriremo
la memoria del sole, dalla mente
ci cadrà il tintinnare delle rime.
Oh la favola onde s'esprime
la nostra vita, repente
si cangerà nella cupa storia che non si racconta!
Pur di una cosa ci affidi,
padre, e questa è: che un poco del tuo dono
sia passato per sempre nelle sillabe
che rechiamo con noi, api ronzanti.
Lontani andremo e serberemo un'eco
della tua voce, come si ricorda
del sole l'erba grigia
nelle corti scurite, tra le case.
E un giorno queste parole senza rumore
che teco educammo nutrite
di stanchezze e di silenzi,
parranno a un fraterno cuore
sapide di sale greco.*

***

Não se sabe o que a sorte nos reserva
amanhã, obscuro ou ameno;
nosso caminho há talvez
de conduzir a intactas clareiras
onde eterna murmure a água de juvença;
ou será talvez um descer
até o valo extremo,
soturno, sem lembrar o amanhecer.
Terras estrangeiras ainda
nos hão talvez de acolher: perderemos
a memória do sol, da nossa mente
há de cair o tintinar das rimas.
Oh essa fábula em que se exprime
a nossa vida, súbito,
passará a ser história fusca que não se conta!
Mas uma coisa nos afiance,
pai, e será: que um pouco do teu dom
seja, e para sempre, repassado às sílabas
que em nós, abelhas zumbindo, levamos.
Hemos de ir longe e um eco conservar
da tua voz, assim como se lembra
do sol a erva sem cor
desde os sombrios pátios, entre as casas.
E um dia essas palavras sem rumor
que cultivamos contigo, nutridas
de cansaço e silêncios,
a coração fraterno hão de parecer
sápidas de sal grego.

***

*Avrei voluto sentirmi scabro ed essenziale
siccome i ciottoli che tu volvi,
mangiati dalla salsedine;
scheggia fuori del tempo, testimone
di una volontà fredda che non passa.
Altro fui: uomo intento che riguarda
in sé, in altrui, il bollore
della vita fugace — uomo che tarda
all'atto, che nessuno, poi, distrugge.
Volli cercare il male
che tarla il mondo, la piccola stortura
d'una leva che arresta
l'ordegno universale; e tutti vidi
gli eventi del minuto
come pronti a disgiungersi in un crollo.
Seguìto il solco d'un sentiero m'ebbi
l'opposto in cuore, col suo invito; e forse
m'occorreva il coltello che recide,
la mente che decide e si determina.
Altri libri occorrevano
a me, non la tua pagina rombante.
Ma nulla so rimpiangere: tu sciogli
ancora i groppi interni col tuo canto.
Il tuo delirio sale agli astri ormai.*

***

Quisera ter-me sentido tosco e essencial
assim como esses seixos que revolves,
comidos por salsugem;
lasca fora do tempo, testemunho
de uma vontade fria que não passa.
Outro fui: homem fito que repara
em si, nos outros, a efervescência
da vida fugaz — homem demorado
nos atos que ninguém, depois, destrói.
Quis procurar o mal
que corrói o mundo, a pequena torção
de alavanca que pára
o engenho universal; e vi a todos
os eventos do minuto
prestes a desjuntar-se num abalo.
Na trilha dum caminho eu quis o rumo
inverso, convidativo; e talvez
precisasse do gesto incisivo,
da mente que decide e se determina.
Eram-me necessários outros livros,
não tua página estrondosa.
Mas nada posso lamentar: teu canto
desata ainda os nós interiores.
O teu delírio então sobe aos astros.

***

Potessi almeno costringere
in questo mio ritmo stento
qualche poco del tuo vaneggiamento;
dato mi fosse accordare
alle tue voci il mio balbo parlare: —
io che sognava rapirti
le salmastre parole
in cui natura ed arte si confondono,
per gridar meglio la mia malinconia
di fanciullo invecchiato che non doveva pensare.
Ed invece non ho che le lettere fruste
dei dizionari, e l'oscura
voce che amore detta s'affioca,
si fa lamentosa letteratura.
Non ho che queste parole
che come donne pubblicate
s'offrono a chi le richiede;
non ho che queste frasi stancate
che potranno rubarmi anche domani
gli studenti canaglie in versi veri.
Ed il tuo rombo cresce, e si dilata
azzurra l'ombra nuova.
M'abbandonano a prova i miei pensieri.
Sensi non ho; né senso. Non ho limite.

***

Pudesse ao menos constranger
neste meu ritmo flébil
um pouco apenas de teu devaneio;
harmonizar me fosse dado
com tuas vozes meu balbuciar: —
eu que tomar sonhava
tuas salobras palavras
em que arte e natureza se confundem,
para melhor clamar a melancolia
de envelhecido menino que não devia pensar.
E ao invés só possuo as letras gastas
dos dicionários e a obscura
voz que amor dita se vela,
faz-se literatura lamentosa.
Só tenho essas palavras
como mulheres publicadas
que se dão quando as requerem;
tenho só essas frases fatigadas
que poderão roubar-me amanhã mesmo
estudantes canalhas em versos veros.
E teu estrondo cresce, e se dilata
azul a sombra nova.
À porfia me deixam as idéias.
Os sentidos me faltam, e o sentido;
os limites também.

***

Dissipa tu se lo vuoi
questa debole vita che si lagna,
come la spugna il frego
effimero di una lavagna.
M'attendo di ritornare nel tuo circolo,
s'adempia lo sbandato mio passare.
La mia venuta era testimonianza
di un ordine che in viaggio mi scordai,
giurano fede queste mie parole
a un evento impossibile, e lo ignorano.
Ma sempre che traudii
la tua dolce risacca su le prode
sbigottimento mi prese
quale d'uno scemato di memoria
quando si risovviene del suo paese.
Presa la mia lezione
più che dalla tua gloria
aperta, dall'ansare
che quasi non dà suono
di qualche tuo meriggio desolato,
a te mi rendo in umiltà. Non sono
che favilla d'un tirso. Bene lo so: bruciare,
questo, non altro, è il mio significato.

***

Dissipa se o quiseres
a minha vida débil que se queixa,
como um apagador o traço
efêmero dum quadro-negro.
Espero retornar ao teu círculo,
cumpra-se o meu desbarato passar.
A minha vinda era um testemunho
de ordem que na viagem esqueci,
juram fidelidade essas palavras
a um fato impossível, e o ignoram.
Mas sempre que logrei
ouvir teu doce refluxo nas margens
fui presa de um espanto
como a quem sendo falto de memória
voltasse a recordar a sua terra.
Minha lição aprendi
mais que em tua glória
manifesta, no arfar
quase que insonoro
de um desolado meio-dia dos teus;
a ti humilde me rendo. Não sou
mais que fagulha de um tirso. Bem sei:
queimar, outro não é meu significado.

TARDES E SOMBRAS

MERIGGI E OMBRE

I

FINE DELL'INFANZIA

*Rombando s'ingolfava
dentro l'arcuata ripa
un mare pulsante, sbarrato da solchi,
cresputo e fioccoso di spume.
Di contro alla foce
d'un torrente che straboccava
il flutto ingialliva.
Giravano al largo i grovigli dell'alighe
e tronchi d'alberi alla deriva.*

*Nella conca ospitale
della spiaggia
non erano che poche case
di annosi mattoni, scarlatte,
e scarse capellature
di tamerici pallide
più d'ora in ora; stente creature
perdute in un orrore di visioni.
Non era lieve guardarle
per chi leggeva in quelle
apparenze malfide
la musica dell'anima inquieta
che non si decide.*

*Pure colline chiudevano d'intorno
marina e case; ulivi le vestivano
qua e là disseminati come greggi,
o tenui come il fumo di un casale
che veleggi
la faccia candente del cielo.
Tra macchie di vigneti e di pinete,*

FIM DA INFÂNCIA

Rugindo se engolfava
no côncavo de escarpas
um mar pulsante, barrado de sulcos,
crespo e cotonoso de espuma.
De frente à foz
de um rio que desaguava,
a corrente amarelecia.
Giravam ao largo rolos de algas
e troncos de árvores à deriva.

Na concha acolhedora
da praia
só havia umas poucas casas
de anosos tijolos, escarlates,
e escassas cabeleiras
de tamarizes mais pálidos
cada hora; mofinas criaturas
perdidas num horror de visões.
Não era fácil olhá-las
para quem lesse naquelas
aparências pouco fiéis
a música da alma inquieta
que não se decide.

Límpidos morros ao redor fechavam
praia e casas; oliveiras vestiam-nos
cá e lá dispersas como os rebanhos,
ou tênues como o fumo de um casal
que pairasse
na face candente do céu.
Entre manchas de vinhas e pinhais,

*petraie si scorgevano
calve e gibbosi dorsi
di collinette: un uomo
che là passasse ritto s'un muletto
nell'azzurro lavato era stampato
per sempre — e nel ricordo.*

*Poco s'andava oltre i crinali prossimi
di quei monti; varcarli pur non osa
la memoria stancata.
So che strade correvano su fossi
incassati, tra garbugli di spini;
mettevano a radure, poi tra botri,
e ancora dilungavano
verso recessi madidi di muffe,
d'ombre coperti e di silenzi.
Uno ne penso ancora con meraviglia
dove ogni umano impulso
appare seppellito
in aura millenaria.
Rarà diroccia qualche bava d'aria
sino a quell'orlo di mondo che ne strabilia.*

*Ma dalle vie del monte si tornava.
Riuscivano queste a un'instabile
vicenda d'ignoti aspetti
ma il ritmo che li governa ci sfuggiva.
Ogni attimo bruciava
negl'istanti futuri senza tracce.
Vivere era ventura troppo nuova
ora per ora, e ne batteva il cuore.
Norma non v'era,
solco fisso, confronto,
a sceverare gioia da tristezza.*

pedreiras avistavam-se
calvos e gibosos dorsos
de morrinhos: um homem
que passasse direito em sua mula
no azul lavado era estampado
para sempre — e na lembrança.

Pouco se ia além das cristas próximas
daqueles montes; passá-los não ousa
ainda a memória cansada.
Sei que os caminhos iam sobre valas
encaixadas, entre brenhas de espinhos;
iam ter a clareiras, daí a regatos,
e ainda prolongavam-se
rumo a recessos mádidos de musgo,
cobertos de sombras e de silêncios.
De um admira-me ainda pensar
que todo impulso humano
sepulto pareceria
em aura milenar.
Raro despenha-se algum fio de ar
àquela orla do mundo que se extasia.

Mas dos caminhos do monte se voltava.
Conduziam eles a uma instável
sucessão de aspectos desconhecidos
mas era esquivo o ritmo que os rege.
Cada momento esfumava-se
nos instantes futuros sem traços.
Viver era aventura muito nova
hora por hora, e o coração batia.
Norma lá não havia,
sulco fixo, confronto,
a discernir tristeza de alegria.

Ma riaddotti dai viottoli
alla casa sul mare, al chiuso asilo
della nostra stupita fanciullezza,
rapido rispondeva
a ogni moto dell'anima un consenso
esterno, si vestivano di nomi
le cose, il nostro mondo aveva un centro.

Eravamo nell'età verginale
in cui le nubi non sono cifre o sigle
ma le belle sorelle che si guardano viaggiare.
D'altra semenza uscita
d'altra linfa nutrita
che non la nostra, debole, pareva la natura.
In lei l'asilo, in lei
l'estatico affisare; ella il portento
cui non sognava, o a pena, di raggiungere
l'anima nostra confusa.
Eravamo nell'età illusa.

Volarono anni corti come giorni,
sommerse ogni certezza un mare florido
e vorace che dava ormai l'aspetto
dubbioso dei tremanti tamarischi.
Un'alba dové sorgere che un rigo
di luce su la soglia
forbita ci annunziava come un'acqua;
e noi certo corremmo
ad aprire la porta
stridula sulla ghiaia del giardino.
L'inganno ci fu palese.
Pesanti nubi sul torbato mare
che ci bolliva in faccia, tosto apparvero.
Era in aria l'attesa
di un procelloso evento.

Mas reconduzidos por atalhos
à casa sobre o mar, fechado asilo
de nossa atônita meninice,
rápido respondia
a cada impulso de alma um consenso
externo, revestiam-se de nomes
as coisas, nosso mundo tinha um centro.

Estávamos na idade virginal
em que as nuvens não são cifras ou siglas
mas belas irmãs vistas em viagem.
De outra semente saída
de outra seiva nutrida
que não a nossa, débil, parecia a natureza.
Nela o asilo, nela
o estático fitar; ela o portento
a que mal sonhava, se tanto, em chegar
nossa alma confundida.
Estávamos na idade iludida.

Voaram anos curtos como os dias,
submergindo as certezas um mar flórido
e voraz que então dava esse aspecto
de dúvida aos trêmulos tamarizes.
Uma manhã deve ter despontado
que um traço de luz na soleira
limpa nos anunciava de chuva;
e nós decerto corremos
a abrir a porta
rangendo sobre o cascalho do jardim.
O engano foi-nos patente.
Nuvens pesadas no mar agitado
que ante nós fremia, logo chegaram.
No ar havia a espera
de um proceloso evento.

*Strania anch'essa la plaga
dell'infanzia che esplora
un segnato cortile come un mondo!
Giungeva anche per noi l'ora che indaga.
La fanciullezza era morta in un giro a tondo.*

*Ah il giuoco dei cannibali nel canneto,
i mustacchi di palma, la raccolta
deliziosa dei bossoli sparati!
Volava la bella età come i barchetti sul filo
del mare a vele colme.
Certo guardammo muti nell'attesa
del minuto violento;
poi nella finta calma
sopra l'acque scavate
dové mettersi un vento.*

Também estranha essa plaga
da infância que explora
um designado quintal feito um mundo!
Chegava-nos também a hora que indaga.
A infância morrera num andar à roda.

Ah brincar de canibais no canavial,
os bigodes de palma, a deliciosa
coleta de cartuchos disparados!
Voava a bela idade como os barcos à tona
do mar a velas pandas.
Decerto olhamos mudos à espera
do minuto violento;
depois na calma aparente
sobre as águas encurvadas
terá passado um vento.

L'AGAVE SU LO SCOGLIO

Scirocco

O rabido ventare di scirocco
che l'arsiccio terreno gialloverde
bruci;
e su nel cielo pieno
di smorte luci
trapassa qualche biocco
di nuvola, e si perde.
Ore perplesse, brividi
d'una vita che fugge
come acqua tra le dita;
inafferrati eventi,
luci-ombre, commovimenti
delle cose malferme della terra;
oh alide ali dell'aria
ora son io
l'agave che s'abbarbica al crepaccio
dello scoglio
e sfugge al mare da le braccia d'alghe
che spalanca ampie gole e abbranca rocce;
e nel fermento
d'ogni essenza, coi miei racchiusi bocci
che non sanno più esplodere oggi sento
la mia immobilità come un tormento.

O AGAVE SOBRE A PEDRA

Siroco

Ó rábido ventar de siroco
que o resseco terreno amarelo e verde
queimas;
e no alto do céu pleno
de luzes baças
atravessa algum floco
de nuvem, e se perde.
Horas perplexas, calafrios
de uma vida que foge
como água entre os dedos;
incontidos eventos,
luz e sombras, comoções
das coisas pouco firmes da terra;
oh áridas alas do ar,
agora sou eu
o agave que se arraiga na fenda
do rochedo
e foge ao mar com os braços de alga
que escancara vastas goelas e arrebata rochas;
e no fermento
de toda essência, e meus botões reclusos
que não sabem mais explodir, sinto hoje
minha imobilidade como um tormento.

***

Tramontana

Ed ora sono spariti i circoli d'ansia
che discorrevano il lago del cuore
e quel friggere vasto della materia
che discolora e muore.
Oggi una volontà di ferro spazza l'aria,
divelle gli arbusti, strapazza i palmizi
e nel mare compresso scava
grandi solchi crestati di bava.
Ogni forma si squassa nel subbuglio
degli elementi; è un urlo solo, un muglio
di scerpate esistenze: tutto schianta
l'ora che passa: viaggiano la cupola del cielo
non sai se foglie o uccelli — e non son più.
E tu che tutta ti scrolli fra i tonfi
dei venti disfrenati
e stringi a te i bracci gonfi
di fiori non ancora nati;
come senti nemici
gli spiriti che la convulsa terra
sorvolano a sciami,
mia vita sottile, e come ami
oggi le tue radici.

***

Tramontana

E agora cessam os círculos de ânsia
que discorriam no lago do coração
e aquele amplo fremir da matéria
que descora e morre.
Hoje uma férrea vontade varre o ar,
arranca arbustos, açoita as palmeiras,
e no mar comprimido cava
grandes sulcos de arestas espumosas.
Cada forma se agita no tumulto
dos elementos; é um uivo, um mugido
de vidas extirpadas: só há destroços
na hora que passa: viajam a cúpula do céu
mal se sabe asas ou folhas — e somem-se.
E tu que inteira vergas nas pancadas
de ventos irrefreados
e em ti cinges os braços inflados
de flores ainda por nascer;
como sentes hostis
os espíritos que a convulsa terra
sobrevoam em bandos,
minha vida sutil, e como amas
hoje tuas raízes.

***

Maestrale

*S'è rifatta la calma
nell'aria: tra gli scogli parlotta la maretta.
Sulla costa quietata, nei broli, qualche palma
a pena svetta.*

*Una carezza disfiora
la linea del mare e la scompiglia
un attimo, soffio lieve che vi s'infrange e ancora
il cammino ripiglia.*

*Lameggia nella chiaria
la vasta distesa, s'increspa, indi si spiana beata
e specchia nel suo cuore vasto codesta povera mia
vita turbata.*

*O mio tronco che additi,
in questa ebrietudine tarda,
ogni rinato aspetto coi germogli fioriti
sulle tue mani, guarda:*

*sotto l'azzurro fitto
del cielo qualche uccello di mare se ne va;
né sosta mai: perché tutte le immagini portano scritto:
'più in là!'.*

***

Mistral

Refez-se a calma
no ar: entre os rochedos a mareta murmura.
Na costa aquietada, nos quintais, uma palma
apenas ondula.

Uma carícia esflora
a tona do mar e a desalinha
um instante, sopro leve que se quebranta e agora
retoma seu caminho.

Na claridade centelha
a vasta extensão, encrespa-se, daí se aplana ditosa
e no seu vasto coração espelha essa minha pobre
vida tumultuosa.

Ó meu tronco que repontas,
nesta tardia embriaguez,
cada renato aspecto com as flores prontas
nas mãos, vês:

sob o azul denso
do céu alguma ave marinha que vá;
nunca pousa: a escrita das imagens tem um só senso:
"mais p'ra lá"!

VASCA

Passò sul tremulo vetro
un riso di belladonna fiorita,
di tra le rame urgevano le nuvole,
dal fondo ne riassommava
la vista fioccosa e sbiadita.
Alcuno di noi tirò un ciottolo
che ruppe la tesa lucente:
le molli parvenze s'infransero.

Ma ecco, c'è altro che striscia
a fior della spera rifatta liscia:
di erompere non ha virtù,
vuol vivere e non sa come;
se lo guardi si stacca, torna in giù:
è nato e morto, e non ha avuto un nome.

TANQUE

Passou no trêmulo vidro
um riso de beladona florida,
dentre os ramos as nuvens apressadas
à vista reassomavam
do fundo em flocos embaçados.
Um de nós atirou um seixo
que desfez essa tona luzidia:
as frouxas aparências se romperam.

Contudo eis que algo se arrasta
à flor do espelho que se alisa e refaz:
de irromper não é capaz,
quer viver e não sabe como;
se reparas, estaca, torna ao fundo:
nasceu e morreu, e não teve nome.

EGLOGA

Perdersi nel bigio ondoso
dei miei ulivi era buono
nel tempo andato — loquaci
di riottanti uccelli
e di cantanti rivi.
Come affondava il tallone
nel suolo screpolato,
tra le lamelle d'argento
dell'esili foglie. Sconnessi
nascevano in mente i pensieri
nell'aria di troppa quiete.

Ora è finito il cerulo marezzo.
Si getta il pino domestico
a romper la grigiura;
brucia una toppa di cielo
in alto, un ragnatelo
si squarcia al passo: si svincola
d'attorno un'ora fallita.
È uscito un rombo di treno,
non lunge, ingrossa. Uno sparo
si schiaccia nell'etra vetrino.
Strepita un volo come un acquazzone,
venta e vanisce bruciata
una bracciata di amara
tua scorza, istante: discosta
esplode furibonda una canea.

Tosto potrà rinascere l'idillio.
S'è ricomposta la fase che pende
dal cielo, riescono bende

ÉGLOGA

Perder-se no cinza undoso
de meus olivais era bom
no tempo ido — loquazes
de pássaros bulhentos
e riachos cantantes.
Como afundava o talão
no solo gretado,
entre as lâminas de prata
das folhas delgadas. Sem nexo
nasciam na mente os pensamentos
no ar de excessiva quietude.

Estão terminando os laivos cerúleos.
Lança-se o pinheiro-manso
a romper a escuridão;
arde uma nesga de céu
no alto, rasga-se nuvem
ao mesmo passo: desfecha
ao redor uma hora falha.
Partiu o estrondo de um trem,
perto, avoluma. Um disparo
estampa-se no ar vidrento.
É de aguaceiro o estrépito dum vôo,
venta e se torna em fumo
um talho de crosta tua
amarga, instante: ao longe
explode furiosa uma matilha.

Logo poderá renascer o idílio.
Está recomposta uma fase que pende
do céu, resultam réstias

leggere fuori...;
il fitto dei fagiuoli
n'è scancellato e involto.
Non serve più rapid'ale,
né giova proposito baldo;
non durano che le solenni cicale
in questi saturnali del caldo.
Va e viene un istante in un folto
una parvenza di donna.
È disparsa, non era una Baccante.

Sul tardi corneggia la luna.
Ritornavamo dai nostri
vagabondari infruttuosi.
Non si leggeva più in faccia
al mondo la traccia
della frenesia durata
il pomeriggio. Turbati
discendevamo tra i vepri.
Nei miei paesi a quell'ora
cominciano a fischiare le lepri.

brandas cá fora...;
                    a horta de feijões
ficou desfeita e revolta.
Já não serve asa rápida,
nem ajuda intento com ardor;
só duram as solenes cigarras
nestas saturnais do calor.
Vai e vem breve num recanto
um vulto de mulher.
Dissipou-se, não era uma Bacante.

Repontam os cornos da lua.
Íamos voltando do nosso
perambular infrutífero.
Não se lia mais na face
do mundo um traço
do frenesi suportado
toda a tarde. Inquietos
descíamos entre as sarças.
Em minha terra, é nessa hora
que as lebres começam a chiar.

FLUSSI

I fanciulli con gli archetti
spaventano gli scriccioli nei buchi.
Cola il pigro sereno nel riale
che l'accidia sorrade,
pausa che gli astri donano ai malvivi
camminatori delle bianche strade.
Alte tremano guglie di sambuchi
e sovrastano al poggio
cui domina una statua dell'Estate
fatta camusa da lapidazioni;
e su lei cresce un roggio
di rampicanti ed un ronzio di fuchi.
Ma la dea mutilata non s'affaccia
e ogni cosa si tende alla flottiglia
di carta che discende lenta il vallo.
Brilla in aria una freccia,
si configge s'un palo, oscilla tremula.
La vita è questo scialo
di triti fatti, vano
più che crudele.
                Tornano
le tribù dei fanciulli con le fionde
se è scorsa una stagione od un minuto,
e i morti aspetti scoprono immutati
se pur tutto è diruto
e più dalla sua rama non dipende
il frutto conosciuto.
— Ritornano i fanciulli...; così un giorno
il giro che governa
la nostra vita ci addurrà il passato
lontano, franto e vivido, stampato

FLUXOS

Os meninos de arquinhos
espantam as carriças nas tocas.
Coa ociosa a limpidez no riacho
que a acídia solinha,
pausa que os astros dão aos exânimes
caminhantes pelas estradas brancas.
Dos sabugueiros tremulam as pontas
no alto sobre o pódio
em que domina uma estátua do Estio
de lapidações vítima sem nariz;
e nela cresce um rubor
de trepadeiras e um zumbir de zangões.
Mas não se expõe a deusa mutilada
e a atenção se volta para a flotilha
de papel que desce lenta o córrego.
Brilha no ar uma flecha,
finca-se numa estaca, trêmula oscila.
A vida é um esbanjamento
de fatos triviais, vão
ainda mais que cruel.
                    Tornam
as tribos dos meninos com as fundas,
quer passe uma estação ou um minuto,
e acham os mortos aspectos iguais
mesmo que tudo em ruínas
e de sua rama já não pendoe
o fruto conhecido.
— Retornam os meninos...; um dia assim
a roda que governa
nossa vida trará a nós o passado
distante, em cortes, vívido, estampado

*sopra immobili tende
da un'ignota lanterna.* —
*E ancora si distende
un dòmo celestino ed appannato
sul fitto bulicame del fossato:
e soltanto la statua
sa che il tempo precipita e s'infrasca
vie più nell'accesa edera.
E tutto scorre nella gran discesa
e fiotta il fosso impetuoso tal che
s'increspano i suoi specchi:
fanno naufragio i piccoli sciabecchi
nei gorghi dell'acquiccia insaponata.
Addio!* — *fischiano pietre tra le fronde,
la rapace fortuna è già lontana,
cala un'ora, i suoi volti riconfonde,* —
e la vita è crudele più che vana.

em cortinas imóveis
de uma ignota lanterna. —
E ainda encobre
um domo celestino e empanado
o bulício compacto do ribeiro:
e somente a estátua
sabe que o tempo corre e entranha
sempre mais na acesa hera.
E tudo escoa na grande descida
e flutua o riacho impetuoso
que seus espelhos arrepanha:
fazem naufrágio os pequenos xavecos
nuns fundos do remanso ensaboado.
Adeus! — sibilam pedras nas folhagens,
a tormenta voraz já vai distante,
a hora cai, de novo se confundem as imagens, —
e a vida é mais cruel do que vã.

CLIVO

*Viene un suono di buccine
dal greppo che scoscende,
discende verso il mare
che tremola e si fende per accoglierlo.
Cala nella ventosa gola
con l'ombre la parola
che la terra dissolve sui frangenti;
si dismemora il mondo e può rinascere.
Con le barche dell'alba
spiega la luce le sue grandi vele
e trova stanza in cuore la speranza.
Ma ora lungi è il mattino,
sfugge il chiarore e s'aduna
sovra eminenze e frondi,
e tutto è più raccolto e più vicino
come visto a traverso di una cruna;
ora è certa la fine,
e s'anche il vento tace
senti la lima che sega
assidua la catena che ci lega.*

*Come una musicale frana
divalla il suono, s'allontana.
Con questo si disperdono le accolte
voci dalle volute
aride dei crepacci;
il gemito delle pendìe,
là tra le viti che i lacci
delle radici stringono.
Il clivo non ha più vie,
le mani s'afferrano ai rami*

CLIVO

Um sopro vem de trompas
da encosta que se despenha,
declina para o mar
fremente que se abre para o acolher.
Cai no ventoso colo
com a sombra a palavra
que a terra solve na rebentação;
se esquece, o mundo pode renascer.
Com os barcos da alvorada
desfralda a luz as suas grandes velas;
no coração aloja-se a esperança.
Mas já está distante a madrugada,
a claridade se esquiva e aduna
nas eminências e copas,
e tudo é mais recolhido e mais próximo
como se olhado em fundo de agulha;
o fim agora é certo
e se até o vento calar
ouve a lima que serra
assídua a cadeia que nos aperta.

Em derrocada musical
resvala o som, se afasta.
Com ele se dispersam as contidas
vozes das volutas
áridas das gretas;
o gemer das varas,
entre as vides que os laços
das raízes restringem.
O clivo não tem mais caminhos,
as mãos agarram-se aos ramos

dei pini nani; poi trema
e scema il bagliore del giorno;
e un ordine discende che districa
dai confini
le cose che non chiedono
ormai che di durare, di persistere
contente dell'infinita fatica;
un crollo di pietrame che dal cielo
s'inabissa alle prode...

Nella sera distesa appena, s'ode
un ululo di corni, uno sfacelo.

dos pinheirinhos; depois treme
e abranda o fulgor do dia;
e sucumbe uma ordem que desprende
de seus limites
as coisas que não pedem
nada mais que durar, que persistir
contentes da infinita fadiga;
um desabar de pedras que do céu
se abismam nas margens...

Na noite que mal se estendeu, ouve-se
um uivar de trompas, um esfacelo.

II

ARSENIO

I turbini sollevano la polvere
sui tetti, a mulinelli, e sugli spiazzi
deserti, ove i cavalli incappucciati
annusano la terra, fermi innanzi
ai vetri luccicanti degli alberghi.
Sul corso, in faccia al mare, tu discendi
in questo giorno
or piovorno ora acceso, in cui par scatti
a sconvolgerne l'ore
uguali, strette in trama, un ritornello
di castagnette.

È il segno d'un'altra orbita: tu seguilo.
Discendi all'orizzonte che sovrasta
una tromba di piombo, alta sui gorghi,
più d'essi vagabonda: salso nembo
vorticante, soffiato dal ribelle
elemento alle nubi; fa che il passo
su la ghiaia ti scricchioli e t'inciampi
il viluppo dell'alghe: quell'istante
è forse, molto atteso, che ti scampi
dal finire il tuo viaggio, anello d'una
catena, immoto andare, oh troppo noto
delirio, Arsenio, d'immobilità...

Ascolta tra i palmizi il getto tremulo
dei violini, spento quando rotola
il tuono con un fremer di lamiera
percossa; la tempesta è dolce quando
sgorga bianca la stella di Canicola

ARSÊNIO

Os turbilhões levantam a poeira
nos remoinhos em tetos e espaços
ermos, onde cavalos com capuzes
aspiram a terra, imóveis em frente
dos reluzentes vidros dos hotéis.
Pela avenida, frente ao mar, desces
nesse dia
ora chuvoso ora luminoso
em que desata a insurgir as horas
iguais, de trama cerrada, um refrão
de castanholas.

É um sinal de outra órbita: segue-o.
Desce ao horizonte que sobranceia
tromba de chumbo, alta sobre o pego,
mais erradia ainda: salso nimbo
vorticoso que sopra o elemento
rebelde até as nuvens; faz teu passo
estalar no cascalho e embaraçarem
as algas urdidas: será o instante
talvez, mui esperado, que te salve
do findar tua viagem, elo de uma
corrente, imoto ir, oh bem conhecido
delírio, Arsênio, de imobilidade...

Entre as palmeiras ouve o rojo trêmulo
dos violinos, surdo quando reboa
a trovoada num fremir de chapa
em que se bate; é branda a tempestade
quando alva irrompe a estrela Canícula

*nel cielo azzurro e lunge par la sera
ch'è prossima: se il fulmine la incide
dirama come un albero prezioso
entro la luce che s'arrosa: e il timpano
degli tzigani è il rombo silenzioso.*

*Discendi in mezzo al buio che precipita
e muta il mezzogiorno in una notte
di globi accesi, dondolanti a riva, —
e fuori, dove un'ombra sola tiene
mare e cielo, dai gozzi sparsi palpita
l'acetilene —
         finché goccia trepido
il cielo, fuma il suolo che s'abbevera,
tutto d'accanto ti sciaborda, sbattono
le tende molli, un frùscio immenso rade
la terra, giù s'afflosciano stridendo
le lanterne di carta sulle strade.*

*Così sperso tra i vimini e le stuoie
grondanti, giunco tu che le radici
con sé trascina, viscide, non mai
svelte, tremi di vita e ti protendi
a un vuoto risonante di lamenti
soffocati, la tesa ti ringhiotte
dell'onda antica che ti volge; e ancora
tutto che ti riprende, strada portico
mura specchi ti figge in una sola
ghiacciata moltitudine di morti,
e se un gesto ti sfiora, una parola
ti cade accanto, quello è forse, Arsenio,
nell'ora che si scioglie, il cenno d'una
vita strozzata per te sorta, e il vento
la porta con la cenere degli astri.*

no céu azul e parece distante
a noite próxima: se abre um relâmpago
derrama-se como árvore preciosa
na luz que muda ao rosa: e o tímpano
cigano é o rufar silencioso.

Desce na escuridão que se abate
e a tarde converte em noite de globos
acesos, balouçando pelas margens, —
e fora, onde só uma sombra retém
mar e céu, das traineiras dispersas
pulsa o acetileno —
                          até que verte trépido
o céu, fuma o solo que se abebera,
tudo ao teu lado se agita, batem
as cortinas moles, rumor imenso
corre a terra, murcham caídas rangindo
as lanternas de papel rua fora.

Assim perdido entre esteiras e vimes
encharcados, tu, junco que as raízes
consigo arrasta, jamais arrancadas,
víscidas, tremes de vida e debruças
no vazio ressoante de lamentos
abafados, devora-te a extensão
da onda antiga que te envolve; e ainda
tudo o que te retoma, rua pórtico
muros espelhos, crava-te em uma
gelada multidão de mortos,
e se um gesto te esflora, uma palavra
cai a teu lado, Arsênio, talvez seja,
na hora que se desfaz, aceno de uma
vida sufocada que para ti surgira,
e o vento a leva na cinza dos astros.

III

CRISALIDE

L'albero verdecupo
si stria di giallo tenero e s'ingromma.
Vibra nell'aria una pietà per l'avide
radici, per le tumide cortecce.
Son vostre queste piante
scarse che si rinnovano
all'alito d'Aprile, umide e liete.
Per me che vi contemplo da quest'ombra,
altro cespo riverdica, e voi siete.

Ogni attimo vi porta nuove fronde
e il suo sbigottimento avanza ogni altra
gioia fugace; viene a impetuose onde
la vita a questo estremo angolo d'orto.
Lo sguardo ora vi cade su le zolle;
una risacca di memorie giunge
al vostro cuore e quasi lo sommerge.
Lunge risuona un grido: ecco precipita
il tempo, spare con risucchi rapidi
tra i sassi, ogni ricordo è spento; ed io
dall'oscuro mio canto mi protendo
a codesto solare avvenimento.

Voi non pensate ciò che vi rapiva
come oggi, allora, il tacito compagno
che un meriggio lontano vi portava.
Siete voi la mia preda, che m'offrite
un'ora breve di tremore umano.
Perderne non vorrei neppure un attimo:
è questa la mia parte, ogni altra è vana.
La mia ricchezza è questo sbattimento

CRISÁLIDA

A árvore verde-escura
se estria de amarelo tenro e brota.
Vibra no ar piedade por raízes
ávidas, pelos túmidos córtices.
São vossos esses arbustos
escassos que se renovam
na aragem de abril, úmidos e viçosos.
Para mim que vos contemplo desta sombra,
outra folhagem reverdece, e sois vós.

Cada instante lhe traz novas frondes
e seu assombro excede toda alegria
fugaz; vem com um ímpeto de ondas
a vida a este recanto extremo de horto.
O olhar vos cai agora sobre a gleba;
uma ressaca de memórias atinge
o vosso coração e quase o submerge.
Longe ressoa um grito: pronto corre
o tempo, some-se em refegas rápidas
nas pedras, cada memória se apaga;
e de meu canto obscuro me debruço
sobre esse solar acontecimento.

Vós não pensais no que vos tomava
como hoje, então, o calado companheiro
que um meio-dia distante vos trazia.
Sois vós a minha presa, que me dais
uma hora breve de tremor humano.
Nenhum instante sequer eu perderia:
é esta minha parte, o mais é vão.
Minha riqueza é essa contração

che vi trapassa e il viso
in alto vi rivolge; questo lento
giro d'occhi che ormai sanno vedere.

Così va la certezza d'un momento
con uno sventolio di tende e di alberi
tra le case; ma l'ombra non dissolve
che vi reclama, opaca. M'apparite
allora, come me, nel limbo squallido
delle monche esistenze; e anche la vostra
rinascita è uno sterile segreto,
un prodigio fallito come tutti
quelli che ci fioriscono d'accanto.

E il flutto che si scopre oltre le sbarre
come ci parla a volte di salvezza;
come può sorgere agile
l'illusione, e sciogliere i suoi fumi.
Vanno a spire sul mare, ora si fondono
sull'orizzonte in foggia di golette.
Spicca una d'esse un volo senza rombo,
l'acque di piombo come alcione profugo
rade. Il sole s'immerge nelle nubi,
l'ora di febbre, trepida, si chiude.
Un glorioso affanno senza strepiti
ci batte in gola: nel meriggio afoso
spunta la barca di salvezza, è giunta:
vedila che sciaborda tra le secche,
esprime un suo burchiello che si volge
al docile frangente — e là ci attende.

Ah crisalide, com'è amara questa
tortura senza nome che ci volve
e ci porta lontani — e poi non restano

que vos traspassa e a fronte
para o alto vos levanta; esse lento
volver de olhos que já sabem ver.

Assim vai-se a certeza dum momento,
num ventanear de cortinas e árvores
entre as casas; mas não dissipa a sombra
que, opaca, vos reclama. Então vos vejo
no limbo desolado dos destinos
truncados, como o meu, e até vosso
renascimento é um estéril segredo,
um prodígio falhado como todos
os que florescem ao lado de nós.

E o mar que se descobre além das grades
como nos fala às vezes de salvação;
como pode ágil surgir
a ilusão, e desfraldar os seus fumos.
Em espiral vão mar afora, ou se fundem
no horizonte em feitio de goletas.
Uma dessas despega vôo sem rumo,
prófugo alcião as águas de chumbo
rasando. O sol se imerge nas nuvens,
a hora de febre, trépida, encerra-se.
Gloriosos ofegos sem estrépito
batem à garganta: na calma da tarde
desponta o barco de salvação, chega:
vês que galeia entre os bancos de areia,
exprime um batel que se encaminha
à rebentação dócil — e lá nos aguarda.

Ah crisálida, como é amarga esta
tortura sem nome que nos envolve
e nos leva longe — e depois não resta

neppure le nostre orme sulla polvere;
e noi andremo innanzi senza smuovere
un sasso solo della gran muraglia;
e forse tutto è fisso, tutto è scritto,
e non vedremo sorgere per via
la libertà, il miracolo,
il fatto che non era necessario!

Nell'onda e nell'azzurro non è scia.
Sono mutati i segni della proda
dianzi raccolta come un dolce grembo.
Il silenzio ci chiude nel suo lembo
e le labbra non s'aprono per dire
il patto ch'io vorrei
stringere col destino: di scontare
la vostra gioia con la mia condanna.
È il voto che mi nasce ancora in petto,
poi finirà ogni moto. Penso allora
alle tacite offerte che sostengono
le case dei viventi; al cuore che abdica
perché rida un fanciullo inconsapevole;
al taglio netto che recide, al rogo
morente che s'avviva
d'un arido paletto, e ferve trepido.

se tanto um rasto nosso na poeira;
e nós vamos adiante sem mover
nem uma pedra da grande muralha;
e talvez tudo está previsto, escrito,
e no caminho não há de surgir
a liberdade, o milagre,
o fato que não fosse necessário!

O azul e a onda não guardam os traços.
Mudaram os sinais da margem, antes
recolhida como um doce regaço.
O silêncio nos cerra em seu espaço
e os lábios não se abrem para dizer
meu desejo de um pacto a fechar
com o destino: o resgate da alegria
vossa pela minha condenação.
É o voto que me nasce ainda no peito,
mais nenhum rasgo depois. Penso então
nas oferendas tácitas que sustêm
as casas dos viventes; no coração que abdica
para que ria um menino inconsciente;
no corte exato que secciona, em fogo
mortiço que aviventa
um árido graveto, e arde trépido.

MAREZZO

Aggotti, e già la barca si sbilancia
e il cristallo dell'acque si smeriglia.
S'è usciti da una grotta a questa rancia
marina che uno zefiro scompiglia.

Non ci turba, come anzi, nell'oscuro,
lo sciame che il crepuscolo sparpaglia,
dei pipistrelli; e il remo che scandaglia
l'ombra non urta più il roccioso muro.

Fuori è il sole: s'arresta
nel suo giro e fiammeggia.
Il cavo cielo se ne illustra ed estua,
vetro che non si scheggia.

Un pescatore da un canotto fila
la sua lenza nella corrente.
Guarda il mondo del fondo che si profila
come sformato da una lente.

Nel guscio esiguo che sciaborda,
abbandonati i remi agli scalmi,
fa che ricordo non ti rimorda
che torbi questi meriggi calmi.

Ci chiudono d'attorno sciami e svoli,
è l'aria un'ala morbida.
Dispaiono: la troppa luce intorbida.
Si struggono i pensieri troppo soli.

MAREZZO

Deságuas, e galeia agora o barco
e o cristal das águas se esmerilha.
Saímos de uma gruta para o largo
cor laranja e um zéfiro o desalinha.

Não nos turba, como antes, no escuro
o enxame que o crepúsculo debanda
de morcegos; e o remo vai sondando
a sombra sem tocar o rochoso muro.

Fora está o sol: flamante
na sua ronda pára.
O céu cavo ilumina-se estuante,
vidro que não estala.

Um pescador dentro de uma canoa
arremessa uma linha na corrente.
Vê que o mundo do fundo se afeiçoa
como se deformado de uma lente.

No casco exíguo que balança,
ao acaso os remos nos escalmos,
cuida não te atormente lembrança
que turbe estas tardes calmas.

Enxames e revoadas nos envolvem,
o ar é uma asa macia.
Cessaram: turva a luz em demasia.
As idéias mais a sós se consomem.

Tutto fra poco si farà più ruvido,
fiorirà l'onda di più cupe strisce.
Ora resta così, sotto il diluvio
del sole che finisce.

Un ondulamento sovverte
forme confini resi astratti:
ogni forza decisa già diverte
dal cammino. La vita cresce a scatti.

È come un falò senza fuoco
che si preparava per chiari segni:
in questo lume il nostro si fa fioco,
in questa vampa ardono volti e impegni.

Disciogli il cuore gonfio
nell'aprirsi dell'onda;
come una pietra di zavorra affonda
il tuo nome nell'acque con un tonfo!

Un astrale delirio si disfrena,
un male calmo e lucente.
Forse vedremo l'ora che rasserena
venirci incontro sulla spera ardente.

Digradano su noi pendici
di basse vigne, a piane.
Quivi stornellano spigolatrici
con voci disumane.

Oh la vendemmia estiva,
la stortura nel corso
delle stelle! — e da queste in noi deriva
uno stupore tinto di rimorso.

Tudo logo será mais rude no mar
que florescerá com tons mais sombrios.
Entretanto está assim, sob o dilúvio
do sol por terminar.

Uma ondulação subverte
formas limites já agora abstratos:
toda força decidida diverge
do curso. A vida vai crescendo aos saltos.

É como fosse fogueira sem fogo
que se preparava para claras senhas:
nesse lume o nosso faz-se pouco,
nessa chama ardem rostos e empenhos.

Desaperta teu coração repleto
no abrir-se de uma vaga;
afunda como pedra de lastro
o teu nome com um baque na água!

Um delírio astral é desencadeado,
um mal calmo e luzente.
Veremos a hora da serenidade
vir-nos talvez pela esfera ardente.

Encostas sobre nós declinam
de vinhas baixas, em planos.
Respigadoras lá em cima cantam
com vozes desumanas.

Oh a vindima estiva,
a distorção no curso
das estrelas! — de onde em nós deriva
um estupor com laivos de remorso.

Parli e non riconosci i tuoi accenti.
La memoria ti appare dilavata.
Sei passata e pur senti
la tua vita consumata.

Ora, che avviene?, tu riprovi il peso
di te, improvvise gravano
sui cardini le cose che oscillavano,
e l'incanto è sospeso.

Ah qui restiamo, non siamo diversi.
Immobili così. Nessuno ascolta
la nostra voce più. Così sommersi
in un gorgo d'azzurro che s'infolta.

Falas e a própria voz não reconheces.
A memória parece-te apagada.
Com o que passaste ainda sentes
a tua vida consumada.

Agora, o que há de ser? — teu peso provas
de novo, inesperado assenta
nos seus eixos tudo quanto oscilava,
e o encanto não se sustenta.

Ah aqui hemos de estar, sem diferença.
Imóveis assim. Nossa voz ninguém
mais escuta. Submersos assim
numa voragem de azul que se adensa.

CASA SUL MARE

Il viaggio finisce qui:
nelle cure meschine che dividono
l'anima che non sa più dare un grido.
Ora i minuti sono eguali e fissi
come i giri di ruota della pompa.
Un giro: un salir d'acqua che rimbomba.
Un altro, altr'acqua, a tratti un cigolio.

Il viaggio finisce a questa spiaggia
che tentano gli assidui e lenti flussi.
Nulla disvela se non pigri fumi
la marina che tramano di conche
i soffi leni: ed è raro che appaia
nella bonaccia muta
tra l'isole dell'aria migrabonde
la Corsica dorsuta o la Capraia.

Tu chiedi se così tutto vanisce
in questa poca nebbia di memorie;
se nell'ora che torpe o nel sospiro
del frangente si compie ogni destino.
Vorrei dirti che no, che ti s'appressa
l'ora che passerai di là dal tempo;
forse solo chi vuole s'infinita,
e questo tu potrai, chissà, non io.
Penso che per i più non sia salvezza,
ma taluno sovverta ogni disegno,
passi il varco, qual volle si ritrovi.
Vorrei prima di cedere segnarti
codesta via di fuga
labile come nei sommossi campi

CASA SOBRE O MAR

A viagem termina aqui:
em cuidados mesquinhos que dividem
a alma que não mais sabe dar um grito.
Já os minutos são iguais e fixos
como os giros de rotação da bomba.
Um giro: um subir de água que ribomba.
Outro, outra água, por vez um rangido.

A viagem termina nesta praia
que tocam lentos e assíduos fluxos.
Nada revela fora tênue bruma
a orla marinha que tecem de conchas
suaves aragens: e raro aparecem
numa bonança muda
entre as ilhas de ar migratórias
cristas da Córsega ou da Capraia.

Tu perguntas se assim tudo se esvai
nessa escassa névoa de memórias;
se à hora que entorpece ou no suspiro
da rebentação cumpre-se cada destino.
Dizer que não eu gostaria, que urge
a hora de passares além do tempo;
talvez só quem quiser se infinite
e tu hás de poder, quem sabe, não eu.
Para os demais não vejo salvação,
mas que alguém subverta todo desígnio,
cruze o passo, como quis se encontrasse.
Quisera antes de me render mostrar-te
essa via de escape
tão lábil como nos revoltos campos

del mare spuma o ruga.
Ti dono anche l'avara mia speranza.
A' nuovi giorni, stanco, non so crescerla:
l'offro in pegno al tuo fato, che ti scampi.

Il cammino finisce a queste prode
che rode la marea col moto alterno.
Il tuo cuore vicino che non m'ode
salpa già forse per l'eterno.

do mar a espuma e o refego.
Dou-te ainda a minha ávida esperança.
Cansei de alentá-la para novos dias:
é um penhor a teu fado, que te salve.

O caminho termina nestas margens
que corrói a maré com moto alterno.
Teu coração próximo não me ouve
e zarpa já talvez para o eterno.

I MORTI

*Il mare che si frange sull'opposta
riva vi leva un nembo che spumeggia
finché la piana lo riassorbe. Quivi
gettammo un dì su la ferrigna costa,
ansante più del pelago la nostra
speranza! — e il gorgo sterile verdeggia
come ai dì che ci videro fra i vivi.*

*Or che aquilone spiana il groppo torbido
delle salse correnti e le rivolge
d'onde trassero, attorno alcuno appende
ai rami cedui reti dilunganti
sul viale che discende
oltre lo sguardo;
reti stinte che asciuga il tocco tardo
e freddo della luce; e sopra queste
denso il cristallo dell'azzurro palpebra
e precipita a un arco d'orizzonte
flagellato.*
        *Più d'alga che trascini
il ribollio che a noi si scopre, muove
tale sosta la nostra vita: turbina
quanto in noi rassegnato a' suoi confini
risté un giorno; tra i fili che congiungono
un ramo all'altro si dibatte il cuore
come la gallinella
di mare che s'insacca tra le maglie;
e immobili e vaganti ci ritiene
una fissità gelida.*
        *Così
forse anche ai morti è tolto ogni riposo*

OS MORTOS

O mar que contra a margem arrebenta
levanta um nimbo ao alto que espumeja
até que o plaino o ressorve. Aí um dia
arremessamos na ferrenha costa,
a nossa mais anelante que o pélago
esperança! — e estéril o abismo verdeja
como em tempo que nos viu entre os vivos.

Agora que o aquilão aplaina o túrbido
nó das salsas correntes e as devolve
lá de onde afluíram, em torno pendem
aos ramos talhados redes esticadas
na rua que desce
para além da vista;
redes sem cor que enxuga o arrefecido
toque tardio da luz; e no alto
denso o cristal do azul pestaneja
e desaba num arco de horizonte
flagelado.   Mais do que alga que arraste
o rebojo a nós manifesto, move
nossa vida essa pausa: turbilhona
quanto em nós resignado a seus confins
parou um dia; entre os fios que juntam
os ramos se debate o coração
assim como um galo
do mar agonizante entre as malhas;
e imóveis a divagar nos retém
uma fixidez gélida.
                Assim talvez
mesmo aos mortos se lhes tire o descanso

*nelle zolle: una forza indi li tragge
spietata più del vivere, ed attorno,
larve rimorse dai ricordi umani,
li volge fino a queste spiagge, fiati
senza materia o voce
traditi dalla tenebra; ed i mozzi
loro voli ci sfiorano pur ora
da noi divisi appena e nel crivello
del mare si sommergono...*

nas leivas: uma força daí os traz
mais ímpia que o viver, e de envolta,
larvas aflitas da memória humana,
os torna em ronda a essas praias, sopros
sem matéria ou voz
traídos pelas trevas; e esbaforidos
seus vôos nos esfloram ainda agora,
de nós mal separados e no crivo
do mar submergem...

DELTA

La vita che si rompe nei travasi
secreti a te ho legata:
quella che si dibatte in sé e par quasi
non ti sappia, presenza soffocata.

Quando il tempo s'ingorga alle sue dighe
la tua vicenda accordi alla sua immensa,
ed affiori, memoria, più palese
dall'oscura regione ove scendevi,
come ora, al dopopioggia, si riaddensa
il verde ai rami, ai muri il cinabrese.

Tutto ignoro di te fuor del messaggio
muto che mi sostenta sulla via:
se forma esisti o ubbia nella fumea
d'un sogno t'alimenta
la riviera che infebbra, torba, e scroscia
incontro alla marea.

Nulla di te nel vacillar dell'ore
bige o squarciate da un vampo di solfo
fuori che il fischio del rimorchiatore
che dalle brume approda al golfo.

DELTA

A vida que se rompe e se transfunde
em segredo, eu a ti tenho ligada:
ela que se debate e nem parece
saber tua presença sufocada.

Quando o tempo se estanca nos seus diques
à dele alias tua história imensa,
e mais afloras, memória, evidente
da escura região onde desceste,
como de novo é denso, após a chuva,
nos ramos o verde, o cinabre nos muros.

Tudo ignoro de ti salvo a mensagem
muda que me sustenta no caminho:
se forma és ou fantasia em fumos
de um sonho te alimenta
o rio que enfebrece, turva, e cachoa
de encontro à maré.

Nada de ti nas horas do livor
que vacila ou rasga um facho de enxofre
afora o apito do rebocador
que das brumas aproa ao golfo.

INCONTRO

Tu non m'abbandonare mia tristezza
sulla strada
che urta il vento forano
co' suoi vortici caldi, e spare; cara
tristezza al soffio che si estenua: e a questo,
sospinta sulla rada
dove l'ultime voci il giorno esala
viaggia una nebbia, alta si flette un'ala
di cormorano.

La foce è allato del torrente, sterile
d'acque, vivo di pietre e di calcine;
ma più foce di umani atti consunti,
d'impallidite vite tramontanti
oltre il confine
che a cerchio ci rinchiude: visi emunti,
mani scarne, cavalli in fila, ruote
stridule: vite no: vegetazioni
dell'altro mare che sovrasta il flutto.

Si va sulla carraia di rappresa
mota senza uno scarto,
simili ad incappati di corteo,
sotto la volta infranta ch'è discesa
quasi a specchio delle vetrine,
in un'aura che avvolge i nostri passi
fitta e uguaglia i sargassi
umani fluttuanti alle cortine
dei bambù mormoranti.

ENCONTRO

Não me abandones tu tristeza minha
pela rua
que bate o vento do largo
com redemoinhos quentes, e pára;
cara tristeza no ar que se extenua:
e ao impulso dele, sobre a baía
onde as últimas vozes exala o dia,
viaja uma névoa, alta se flecte a asa
de um cormorão.

A foz ladeia a torrente, estéril
de águas, viva de pedras e caliças;
mais foz de atos humanos consumidos,
de empalidecidas vidas em declínio
além desses confins que nos encercam:
rostos exaustos, mãos descarnadas,
cavalos em fila, rangir de rodas:
vidas não, vegetação de um mar
diverso que se sobrepõe às ondas.

Anda-se num carreiro lamacento
sem um desvio,
tais como os embuçados de cortejo,
sob uma abóbada que se abateu
quase ao espelho das vitrines,
numa aura que envolve os nossos passos
densa e iguala os sargaços
humanos flutuantes às cortinas
de bambus murmurantes.

*Se mi lasci anche tu, tristezza, solo
presagio vivo in questo nembo, sembra
che attorno mi si effonda
un ronzio qual di sfere quando un'ora
sta per scoccare;
e cado inerte nell'attesa spenta
di chi non sa temere
su questa proda che ha sorpresa l'onda
lenta, che non appare.*

*Forse riavrò un aspetto: nella luce
radente un moto mi conduce accanto
a una misera fronda che in un vaso
s'alleva s'una porta di osteria.
A lei tendo la mano, e farsi mia
un'altra vita sento, ingombro d'una
forma che mi fu tolta; e quasi anelli
alle dita non foglie mi si attorcono
ma capelli.*

*Poi più nulla. Oh sommersa!: tu dispari
qual sei venuta, e nulla so di te.
La tua vita è ancor tua: tra i guizzi rari
dal giorno sparsa già. Prega per me
allora ch'io discenda altro cammino
che una via di città,
nell'aria persa, innanzi al brulichio
dei vivi; ch'io ti senta accanto; ch'io
scenda senza viltà.*

Se me deixas também, tristeza, um só
presságio vivo neste nimbo, em torno
a mim parece que se propaga
zunido qual de esferas, se uma hora
está por bater;
e caio inerte na espera mortiça
de quem não sabe temer
na margem surpreendida pela onda
lenta, sem aparecer.

Talvez recobre um aspecto: na luz
rasante um passo me conduz ao lado
de mísera folhagem que num vaso
se cria sobre a porta de uma taberna.
A ela dou a mão, e fazer-se minha
outra vida eu sinto, embaraçado
de uma forma de mim tomada; e quase
anéis aos dedos não folhas me enroscam
mas cabelos.

Depois mais nada. Oh submersa! Vais
como vieste, e nada sei de ti.
Tua vida ainda é tua: lampejo raro
do dia e já difusa. Roga por mim
não me seja o caminho da descida
uma rua de cidade,
em ar de trevas, bulício dos vivos;
que a meu lado eu te sinta; que desça
sem me aviltar.

RIVIERAS

RIVIERE

Riviere,
bastano pochi stocchi d'erbaspada
penduli da un ciglione
sul delirio del mare;
o due camelie pallide
nei giardini deserti,
e un eucalipto biondo che si tuffi
tra sfrusci e pazzi voli
nella luce;
ed ecco che in un attimo
invisibili fili a me si asserpano,
farfalla in una ragna
di fremiti d'olivi, di sguardi di girasoli.

Dolce cattività, oggi, riviere
di chi s'arrende per poco
come a rivivere un antico giuoco
non mai dimenticato.
Rammento l'acre filtro che porgeste
allo smarrito adolescente, o rive:
nelle chiare mattine si fondevano
dorsi di colli e cielo; sulla rena
dei lidi era un risucchio ampio, un eguale
fremer di vite,
una febbre del mondo; ed ogni cosa
in se stessa pareva consumarsi.

Oh allora sballottati
come l'osso di seppia dalle ondate
svanire a poco a poco;
diventare

Rivieras,
bastam umas espadanas de agave
pêndulas de uma borda
sobre o delírio do mar;
ou duas pálidas camélias
nos jardins desertos,
e um eucalipto louro que se entrega
entre rumores de asas loucas
na luz;
e eis que num momento
invisíveis a mim se enleiam fios,
borboleta numa teia
de frêmitos de oliveiras e olhares de girassol.

Doce é o cativeiro, hoje, rivieras
de quem se rende por pouco
como se a reviver um jogo antigo
nunca esquecido.
Relembro o filtro acre que oferecestes
ao adolescente perdido, rivieras:
nas manhãs claras fundiam-se
flancos de morros e céu; na areia
da praia era ampla a vazante, um igual
fremir de vidas,
uma febre do mundo; e cada coisa
parecia que em si se consumava.

Oh então jogados
como um osso de sépia pelas vagas,
pouco a pouco esvair-se;
transformar-se

*un albero rugoso od una pietra
levigata dal mare; nei colori
fondersi dei tramonti; sparir carne
per spicciare sorgente ebbra di sole,
dal sole divorata...*
      *Erano questi,
riviere, i voti del fanciullo antico
che accanto ad una rósa balaustrata
lentamente moriva sorridendo.*

*Quanto, marine, queste fredde luci
parlano a chi straziato vi fuggiva.
Lame d'acqua scoprentisi tra varchi
di labili ramure; rocce brune
tra spumeggi; frecciare di rondoni
vagabondi...*
    *Ah, potevo
credervi un giorno o terre,
bellezze funerarie, auree cornici
all'agonia d'ogni essere.*
      *Oggi torno
a voi più forte, o è inganno, ben che il cuore
par sciogliersi in ricordi lieti — e atroci.
Triste anima passata
e tu volontà nuova che mi chiami,
tempo è forse d'unirvi
in un porto sereno di saggezza.
Ed un giorno sarà ancora l'invito
di voci d'oro, di lusinghe audaci,
anima mia non più divisa. Pensa:
cangiare in inno l'elegia; rifarsi;
non mancar più.*
    *Potere
simili a questi rami
ieri scarniti e nudi ed oggi pieni
di fremiti e di linfe,*

em árvore rugosa ou em pedra
polida pelo mar; nas cores
dos poentes fundir-se; ir-se carne
para verter fonte ébria de sol,
pelo sol devorada...
                    Eram os votos,
rivieras, do menino antigo
que ao pé de corroída balaustrada
lentamente morria sorridente.

Quanto, marinhas, estas frias luzes
falam a quem de vós fugia em mágoa.
Manchas d'água descobriam-se em passos
de corredias ramagens; rochedos
escuros entre rebojos, frechar
de andorinhões circunvagando...
                        Ah, crer
em vós eu pude algum dia ó terras,
belezas fúnebres, áureas molduras
na agonia de cada ser.
                    Torno hoje
mais forte a vós, ou é engano, mas o coração solto
parece em amenas — e atrozes memórias.
Triste alma passada
e tu vontade nova que me chamas,
tempo é talvez de vos unir
em porto sereno de sabedoria.
E um dia ainda haverá um convite
de vozes de ouro, lisonjas audazes,
minha alma não mais dividida. Pensa:
cambiar em hino a elegia; refazer-se;
não falhar mais.
                Poder
à imagem desses ramos
ontem descarnados e nus, e hoje
cheios de frêmitos e seiva,

sentire
noi pur domani tra i profumi e i venti
un riaffluir di sogni, un urger folle
di voci verso un esito; e nel sole
che v'investe, riviere,
rifiorire!

sentirmos também
nós amanhã nos perfumes e ventos
um novo afluir de sonhos, o louco
urgir de vozes para uma saída;
e ao sol que vos investe, rivieras,
reflorir!

NOTAS

Goza se o vento que entra no pomar...

1. É indiscutível o destaque intencional do poema no limiar da obra, associado ao tema do *varco*, a passagem, a abertura para um espaço além da realidade sensorial e circunstante, que adquire alcance metafísico. O texto é sempre impresso com destaque em itálico nas edições italianas. G. Zampa, em *Tutte le poesie*, p. XXVIII, relaciona a situação tratada no primeiro poema do livro com a figura de Paola Nicoli. Outros autores atribuem o papel de protagonista a Anna degli Uberti.

A associação a Paola Nicoli parece mais plausível pelas afinidades com os outros poemas a ela atribuídos. A esse respeito convém comparar a invocação de "Goza se o vento que entra no pomar..." com a do verso "Desaperta teu coração repleto...", em "Marezzo". Essa aproximação incluiria o primeiro poema do livro entre aquelas, como "Marezzo", "Crisálida" e "Casa sobre o mar", em que se admite a referência à mesma protagonista.

Em sentido diverso, uma carta de Montale aponta o companheiro do primeiro poema *In limine* na mesma pessoa a que se refere "Encontro", que geralmente se considera ter sido inspirado por Anna degli Uberti. A esse respeito, o ensaio de A. Marchese, "Le ispiratrici dei mottetti", em M. de las Nieves Muñiz Muñiz e F. A. Vela (orgs.), *Strategie di Montale*, p. 131, indica uma tendência de sobreposição de pessoas. Cf. notas 29 e 106.

2. *Orto* é um espaço definido de terreno, reservado à plantação de verduras e legumes, que pode incluir algumas árvores frutíferas para atender ao uso doméstico. A freqüência dessa palavra na obra de Montale é representativa de um cenário de vida com aspectos e limites próprios, normalmente cercado por um *muro* que evoca as barreiras do plano físico e o desejo de transcendência e superação pessoal. Observar o confronto entre *orto* e *pomario*,

palavra de uso menos corrente e que conserva valor mais culto e próximo ao latim.

3. Observar a rima de *grembo* com *lembo*, que também ocorre na última estrofe de "Crisálida". Na *Divina comédia, grembo* e *lembo* rimam em *Purg.* VII, 68-72, em passagem onde ocorre também o adjetivo *erto*, que convém evocar para a leitura do poema. Os versos seguintes a estes descrevem o deslumbramento natural no vale dos príncipes:

"'Colà', disse quell'ombra, 'n'anderemo
dove la costa face di sé grembo;
e là il novo giorno attenderemo.'

Tra erto e piano era un sentiero schembo,
che ne condusse in fianco de la lacca,
là dove più ch'a mezzo muore il lembo."

"'Acolá', disse a sombra, 'nós iremos/ onde a encosta torna-se um colo;/ e aí o novo dia esperaremos.'// Entre clivo e plaino era esconsa a senda/ que a flanco da pendente foi lá ter,/ onde além do meio morre a borda."

4. O tradutor tem presente a definição de *rovello* como "preocupação constante e tormentosa" e de *arrovellarsi* como "atormentar-se por contrariedade persistente que produz raiva", mas valorizou a etimologia de *rovus*: sarça ou *silva-das-amoras*, procurando manter as imagens tiradas da natureza e dar continuidade ao *enredo de memórias* no quarto verso, de onde as *brenhas* do lado interno do muro. R. Montano, em *Comprendere Montale*, p. 59, vê em *rovello* um diminutivo de *rovo* (silva-das-amoras).

5. *Ruggine* é ferrugem (da rede de uma cerca?), também ofuscamento do juízo e hostilidade, má vontade, ressentimento e rancor. *Rancor* é o sentido que reconhece G. Contini, em *Una lunga fedeltà*, p. 29. L. Barile, em *Montale, Londra e la luna*, p. 48, aponta o sentido de *ressentimento*.

Os limões

6. *Divertite passioni*. Observar o sentido latino de *afastar, desviar* ou *dissuadir* que poderia ser encontrado, também em português, no verbo *divertir*, substituído por *distrair*.

Corne-inglês

7. *Lame*. P. V. Mengaldo, em *La tradizione del Novecento*, p. 306, rela-

ciona *lame* com o lígure *lamma*, "folha-de-flandres" em português, e não com *lâminas*. Na página 304, Mengaldo descarta a hipótese de *rame* como plural de *rama* ("ramo" ou "rama" em português), aludindo à divergência de acepções entre o texto de D'Annunzio citado como referência e o texto de Montale em que *rame* equivale a *cobre*.

8. *Aquiloni*. No original trata-se do brinquedo, montado com caniços e papel, que se solta ao vento: pipa, papagaio ou estrela. A tradução livre — *vias* — procurou evitar a ambigüidade dos sentidos concorrentes na tradução literal.

9. O *Grande dizionario della lingua italiana* de Salvatore Battaglia (*Gdli*) interpreta *intorto*, nesse verso, como *vorticoso*. Para o mesmo verbete, o dicionário indica ainda o sentido de *intrecciato*. A. Barbuto, em *Le parole di Montale*, refere-se a *avvolto in spirale*.

10. *Scordato* tem os significados de *esquecido* ou de *desafinado* quando se trata de um instrumento musical. Tem também o significado de *discordante*, e nesse sentido segue-se a definição que lhe dá o *Gdli* no próprio verso de Montale: cheio de contradições, de incertezas morais, dúvidas, incapaz de sentimentos.

Falsete

11. Esterina Rossi é a primeira mulher identificada, claramente, como protagonista de um poema de Montale. Trata-se de uma jovem apresentada pelo amigo Francesco Messina e que Montale conheceu em localidade de praia próxima de Gênova.

12. *Fiotto* pode incluir o sentido de *maré* — de cinza —, que reitera as imagens da nuvem dos vinte anos e da bruma, ou o de "jorro de água provocado pelo mergulho final", aqui talvez antecipado, e, além desses, o sentido de *onda* e do próprio *mar*.

13. *Adusto*, em italiano, reúne os sentidos de "queimado pelo fogo ou pelo sol" e ainda de "bronzeado". Em sentido figurado, diz-se também de pessoa magra, tratando-se da aparência de seu rosto ou de seus membros.

Café em Rapallo

14. Camillo Sbarbaro (1888-1967), poeta e prosador da Ligúria, passou a maior parte da vida nessa região, cuja paisagem valorizou em sua obra. Além dos dois poemas em testemunho de apreço, Montale deu numerosas provas de sua amizade por Sbarbaro. A. Guerrini, assim como vários críticos, afirma: "[...] numerosi sono i debiti di Montale nei confronti di Sbarbaro, sia a nivello

tematico [...] sia sul piano delle movenze del linguaggio e dello stile" (apud R. Luperini, *Storia di Montale*, p. 28).

15. *Storico*. Sugere-se entender a palavra com o sentido substantivo de *estudioso, historiador, cronista* e, também, como qualificativo do amigo Sbarbaro, que seria não apenas o cronista, mas pessoa de quem se poderiam apontar "cobiças e arrepios".

16. *Torrone. Torrão* (de Alicante) é a denominação reconhecida em português.

17. *Tinnanti scatole*: *scatole musicali*, segundo o *Grande dizionario della lingua italiana* de Salvatore Battaglia.

Epigrama

18. E. Bonora, em *Gli Ossi di seppia*, vol. 1 de *Letture di Montale*, p. 60, vê nos barquinhos de papel *versicolore* — latinismo para cor cambiante — alusão à poesia de Sbarbaro, que é recomendada ao leitor, representado no texto pelo cavalheiro que passa.

Quase uma fantasia

19. *Giostra* é o torneio nos moldes medievais, o carrossel do parque de diversões e, em sentido figurado, uma sucessão de fatos, pessoas, ações, imagens etc.

20. *Viale* é via pública, em geral arborizada, ou alameda de jardim ou parque coberta ou não de árvores.

21. *Galinho de março*. Tradução literal para guardar a referência ao mês, último do inverno. Outro nome da poupa, espécie *Upupa epops*. Cf. nota 58.

SARCÓFAGOS

22. A série de poemas que integram Sarcófagos apresenta imagens de relevos esculpidos em mármore e, talvez, no caso de "O fogo que crepita...", em bronze. A série foi dedicada inicialmente ao escultor Francesco Messina, amigo e contemporâneo da fase genovesa, a quem Montale ofereceu outros poemas recolhidos em *Ossos de sépia*, inclusive "Passar à sesta pálido e absorto...".

Aonde vão as donzelas cacheadas...

23. *Colmo*, além de *cheio*, tem o sentido de *convexo, em relevo, arre-

dondado, e com referência ao corpo humano: *rijo, firme, duro*, aplicando-se à carnadura e aos seios femininos, por exemplo.

24. Os sentidos de *configurar, representar, simbolizar* estão presentes no verbo *adombrare*.

25. A oferta de raminho na sepultura permite evocar o costume registrado por F. Sena em *L'Alta Fontanabuona* (*Lumarzo-Neirone-Tribogna*): "La [...] consuetudine apparteneva ai riti primaverili, detti anche di maggio, e consisteva nel fissare dei ramoscelli presso la porta di casa di donne nubili. L'operazione era eseguita da giovani, la notte precedente al I° maggio, al fine di esprimere alla ragazza prescelta, ammirazione, amore e, in qualche caso rifiuto. Ad ogni varietà di ramoscello corrispondeva un particolare messaggio".

O fogo que crepita...

26. *Pigna*: uma pinha de pinhões maduros. Possível subentender-se representação do renascimento e da existência após a morte como imagem que remonta à Antiguidade.

Mas onde procurar o túmulo...

27. *Trastullo*. "Distração, divertimento sobretudo como passatempo infantil" traduzem o sentido corrente de *trastullo*, que guarda os significados de *deleite*, inclusive espiritual, e de *consolo* ou *alívio*.

28. Pode dizer-se *ricordo marmoreo* de um monumento ou lápide funerária.

Vento e bandeiras

29. Anna degli Uberti, identificada pelos nomes de Arletta e mais tarde Annetta e Capinera, amiga da juventude do autor, seria a inspiradora de "Vento e bandeiras", "Dos caniços ressaem suas pontas...", "Os mortos", "Delta" e "Encontro", conforme G. Zampa, em *Tutte le poesie*, p. XXVIII. A atribuição a ela do papel de interlocutora no poema *In limine* suscita dúvidas. A amizade nasceu durante as férias de verão da família do almirante Degli Uberti em Monterosso e foi interrompida em 1923, última estação que Anna, então com dezenove anos, aí passou. O seguinte encontro de ambos ocorreu na primeira viagem de Eugenio a Roma, em 1924. O seu afastamento de Monterosso e da vida do poeta, a partir de 1924, terá facultado o tratamento que lhe reservou Montale na sua poesia. A representação de Arletta *in absentia*, dada como

morta e ressurgindo como memória intermitente, presta-se a considerações sobre a vida pessoal do poeta, suas expectativas e atitudes. Maria Antonietta Grignani, no ensaio "Montale, Mæterlinck, Rossetti, Blake", em Fondazione Mario Novaro (org.), *Il secolo di Montale: Genova 1896-1996*, p. 209, entende a evocação de Arletta como manifestação de uma "vida resignada ao luto".

30. *Spirale* no sentido de *andamento ascendente di una valle*, de acordo com o *Grande dizionario della lingua italiana* de Salvatore Battaglia, e corresponde possivelmente à descrição das curvas em subida que, nas encostas, são semelhantes a linhas de espiral, quando avistadas de um vale.

31. Ao descartar-se o sentido de *escudo*, *palvese* ou *pavese* parece aplicar-se ao uso de marinha: *gala di bandiere* e, por extensão, ornamentação com bandeirinhas ou lanternas. Em português, *pavês*, entre outros significados, tem os de *bandeira* ou *galhardete*.

Graveto estendido do muro...

32. "[...] alleghi ha il senso genovese di allignare". A tradução decorre do esclarecimento do próprio Montale na carta 24 (1945), que se encontra no volume organizado por D. Isella, *Eusebio e Trabucco carteggio di Eugenio Montale e Gianfranco Contini*, p. 103.

33. E. Bonora, em *Gli Ossi di seppia*, vol. 1 de *Letture di Montale*, p. 182, comenta o véu que descaracteriza o graveto como ponteiro de relógio, e atribui a imagem a uma teia de aranha brilhante com gotas de orvalho da manhã.

Não nos peças a palavra que acerte cada lado...

34. *Squadri*. "Cioè riduca a squadra, assetti, dirozzi, polisca": essa é a interpretação de Giacomo Leopardi do verbo *squadrare* em passagem de Petrarca em *Le rime di Petrarca con l'interpretazione di Giacomo Leopardi* (Florença, David Passigli Tipografo-Editore, 1839), p. 789 (apud G. Savoca, *Parole di Ungaretti e di Montale*, p. 73). Savoca considera a interpretação de Leopardi apropriada para o sentido do verbo *squadrare* no texto de Montale. Notar o sentido figurado de "observar atentamente" no verbo italiano, como em *esquadrinhar*, que em português deriva de *scrutinare*.

35. *Letras de fogo*: Giorgio Barberi Squarotti, no ensaio "La citazione montaliana (testo e altri testi)", em M. de las Nieves Muñiz Muñiz e F. A. Vela (orgs.), *Strategie di Montale*, p. 44, aponta essa passagem como referência à visão de Nabucodonosor explicada por Daniel, que nela identifica a mensagem divina de admoestação ao rei opressor.

36. *Ciò che* non *siamo, ciò che* non *vogliamo*: é uma fórmula que, se ex-

pressa positivamente, evoca em tom peremptório o anúncio de uma posição individual marcante, como seria o caso num manifesto político ou literário. Sua redação no modo negativo apresenta, em sentido inverso, uma possível rejeição de hipóteses assertivas. Segundo L. Barile, em *Montale, Londra e la luna*, p. 42, constitui exemplo da modernidade em Montale numa atitude de esflorar hipóteses logo abandonadas. Esse verso foi, posteriormente, associado a uma posição de rejeição do fascismo.

Passar à sesta pálido e absorto...

37. Observar as rimas presentes na *Divina comédia*: *sterpi* e *serpi* em *Inf.* XIII, 37-39, e *formiche* e *biche* em *Inf.* XXIX, 64-66. Dante alude ao episódio narrado por Ovídio em que o rei de Egina, único sobrevivente da peste, recebe autorização de Zeus para repovoar a ilha transformando formigas em homens.

38. *Pruno*, que aparece em *Inf.* XIII, 32, é denominação genérica de arbustos espinhosos como *Rubus fruticosus* (*rovo*), em português: silva-das-amoras ou sarça, e *Crataegus oxyacantha* (*biacospino*), em português: pilriteiro, estrepeiro, espinha-branca, entre outros. *Sterpo* é um *pruno espinoso* ou um *ramo secco*.

39. *Schiocchi di merli. Passarinhos* é tradução livre. Trata-se do melro, *Turdus merula*, no original. *Schiocchi* corresponde à voz do melro, mas pode evocar o ruído de seus movimentos no chão.

40. *Ervilhas* é tradução livre. Trata-se de fato da *Vicia sativa*: planta forraginosa, *ervilhaca* em português.

Não busques na mata escura...

41. *Falchetto*. *Falco subbuteo* ou *ógea* em português.

42. *Rupe*, que se pode traduzir por *penhasco* ou *rochedo*, no plural designa uma cadeia de montanhas rochosas e escarpadas. O *Grande dizionario della lingua italiana* de Salvatore Battaglia assinala que, quando objeto de comparação, *rupe* exprime resolução e firmeza.

43. *Ragnatela*. A palavra, que designa uma teia de aranha, em linguagem poética designa também um céu de nuvens de tipo cirro que formam filamentos entrecruzados.

Revoco o teu sorriso, e é para mim água límpida...

44. Dedicatória ao bailarino russo Boris Kniaseff, da companhia de Maria Jureva, que Montale viu dançar no Teatro Verdi e conheceu no ateliê de Francesco Messina.
45. *Greto*: parte do leito de um rio que não está coberta de água.
46. *Schietto*: liso e sem anfractuosidades, íntegro, singelo, direito, franco. Cf. Petrarca, *Rime* CCCXXIII, 25-26: "In un boschetto novo i rami santi/ fiorian d'un lauro giovenetto et schietto".

Minha vida, a ti não peço traços...

47. *Miele e assenzio.* Cf. Petrarca, *Rime* CCXV, 13-14: a luz dos olhos de Laura "pò far chiara la notte, oscuro il giorno,/ e 'l mèl amaro, et adolcir l'assentio".

O que de mim soubestes...

48. Poema originalmente dedicado a Carlo Linati, colaborador na revista *Il Convegno*, em que se aplicava à literatura inglesa.
49. *Scorza.* G. Savoca, em *Parole di Ungaretti e di Montale*, p. 70, aponta o uso do vocábulo *scorza* uma vez em Dante, no sentido de *córtice* (cf. *Purg.* XXXII, 113), e seis vezes em Petrarca — uma das quais no sentido próprio de *córtice* e cinco como metáfora de "aparência exterior" — a título de exemplo da influência de Petrarca em Montale. O mesmo autor cita ainda como exemplo dessa influência: "i' per me sono un' ombra", *Rime* CXIX, 99.

Glória do estendido meio-dia...

50. A tradução literal dos dois últimos versos seria: "A boa chuva está além da desolação/ mas no esperar há alegria mais completa". Observar a construção paralela do terceiro verso na segunda e na terceira estrofes.

Felicidade alcançada, de quem...

51. A tradução literal do último verso seria: "a que escapa a bola entre as casas".

Dos caniços ressaem suas pontas...

52. *Cimello*: extremidade nova de uma planta em crescimento.

Valmorbia, em teu fundo discorriam...

53. *Valmorbia*: povoado no Trentino, próximo ao rio Leno. Montale exerceu comando de um pequeno posto avançado na região durante a Primeira Guerra Mundial. Aí ocorreu o encontro com três soldados austríacos que se renderam de pronto. Um deles trazia um volume de Rilke no bolso, episódio que será evocado em poema posterior.

A farândola das crianças no vau vazio...

54. *Greto*: além de leito descoberto do rio, também, todo o leito do rio; nesse último sentido, fora de uso, segundo o dicionário *Zingarelli 1999*. O regime sazonal das torrentes lígures sugere a imagem dos leitos secos dos rios no verão.
55. *Radici*. Cf. *Purg.* XXVIII, 142: "Qui fu innocente l'umana radice". O comentário de Bosco e Reggio refere-se a Ovídio, *Met.* I, 89-90: "Aurea prima [...] aetas [...] fidem rectumque colebat" (A primeira idade, a áurea [...] honrava a fidelidade e a justiça).
56. *Vizio*: além de inúmeras acepções comuns, corresponde a *pecado*, como em *vizi capitali*.

Atraca junto à crestada margem...

57. *Amarrare*: trazer embarcação do mar para a terra. Cf. M. Villoresi, *Come leggere Ossi di seppia di Eugenio Montale*, p. 91.

Poupa, álacre pássaro caluniado...

58. *Upupa*: espécie *Upupa epops*, mencionada na nota 21. A "calúnia" reporta-se à atribuição de uma característica noturna a essa ave na literatura dos séculos XVIII e XIX cujo exemplo talvez mais conhecido seja a referência em *Dei sepolcri* de Ugo Foscolo (1806). Cf. versos 78 a 86, onde a ave, tratada de imunda, grita de forma sinistra e esvoaça sobre campas abandonadas. Em *La notte* de Parini, versos 13 a 15, esse pássaro é considerado avesso ao sol e de mau agouro.

MEDITERRÂNEO

59. O poema "Mediterrâneo" foi originalmente dedicado a Roberto Bazlen, intelectual nascido em Trieste que exerceu influência considerável sobre Montale.

Em rodopio se abate...

60. *Pinastri*: espécie *Pinus pinaster*, o pinheiro-bravo português.

Descendo algumas vezes...

61. *Pel tuo tripudio*. Maria Antonietta Grignani, no ensaio "Montale, Mæterlinck, Rossetti, Blake", em Fondazione Mario Novaro (org.), *Il secolo di Montale: Genova 1896-1996*, p. 208, observa a atração pela água como abismo: mar, voragem, poço. E. Bonora, em *Gli Ossi di seppia*, vol. 1 de *Letture di Montale*, p. 97, vê uma relação dialética entre a mobilidade do mar e a imobilidade da pedra. O texto do poema não esclarece, mas parece demonstrar uma relação existencial entre o mar e a terra. Do lado da terra, os finitos sentem-se atraídos pelo mar e querem vir até ele. O mar dá liberdade aos finitos para recuperá-los em seu meio, mas também para sofrer na sua própria imobilidade. Os finitos padecem do desejo de superar a sua condição e demonstram assim os atributos do mar. O mar não permite nem identificação nem fuga, escreve Elio Gioanola no ensaio "Il mare negli *Ossi di seppia*", em Fondazione Mario Novaro (org.), op. cit., p. 331.

Na explicação que se sucede no poema, a imobilidade dos finitos é justa ou apropriada para o tripúdio ou dança de exultação do mar. A atração pelo mar ganha conotação algo fatalista com uma possível leitura subliminar do texto a seguir: *era la tesa del mare un giuoco di anella*, que conduz ao aparecimento da ave diante do mar.

62. *Chinavo*: o verbo *chinare* com emprego equivalente a *descer*. Cf. Vittorio Coletti, "L'italiano di Montale", em Fondazione Mario Novaro (org.), *Il secolo di Montale: Genova 1896-1996*, p. 145.

63. *Tesa* inclui as acepções de *tensão* e *extensão*. *Tesa* é também uma rede para pássaros e o ato de estender essa rede. *Gioco* ou *giuoco* pode ser o engodo que se expõe aos pássaros diante de uma rede de captura, ou um reclamo ou chamado sonoro. *Anella* é plural arcaico de *anello*. Uma leitura nesse sentido poderia ser: "a rede do mar era uma cadeia de engodos ou apelos".

Para E. Bonora, op. cit., p. 83, *giuoco di anella* seria uma imagem dos elos de uma corrente na superfície crespa do mar. Esse autor entendeu que a ave procedia do mar, de um sulco entre ondas, em decorrência de sua interpretação da palavra *vallotto*.

Convém evocar ainda a imagem de círculos concêntricos como os causados na linha d'água por uma pedra atirada.

64. *Vallotto*. O diminutivo de *vallo* com o significado de "cavidade entre duas cristas de ondas sucessivas" é invocado por A. Barbuto em *Le parole di Montale*. A versão marinha é endossada por E. Bonora, op. cit., p. 93, que se refere ao momento em que a ave "salvandosi dalla convalle marina in cui s'era persa, si trova sulla spiaggia". A propósito, uma edição da obra de Bonora, datada de 1962, é mencionada na bibliografia de Barbuto, que aí pode ter encontrado confirmação do depoimento incluído em seu glossário, com o mesmo significado de *vallotto* e a precisão de que se trata de termo técnico marítimo. R. Luperini, em *Storia di Montale*, p. 32, manifesta o entendimento de proveniência da ave de terra firme. E. Gioanola, no ensaio "Il mare negli *Ossi di seppia*", cit., p. 328, confirma igualmente a procedência de terra firme.

Vallotto parece relacionado com *valle* mais do que um diminutivo de *vallo*, no sentido de "muro de fortificação". Note-se que é corrente na Ligúria e na região de Monterosso o uso de *vallotto* para designar uma pequena ravina ou valeta, seja em vertente do interior seja nas encostas a prumo sobre o mar, como acidente de terreno vertical na forma de uma quebrada ou cavidade na rocha que evidencia o escoamento sazonal de água com a presença de pedras e cascalho. Observar ainda o emprego de *vallo* no verso 15 de "Fluxos", como vala de escoamento d'água.

65. *Pavoncella* é *Vanellus vanellus*, vulgarmente abibe, pavoncino ou ave-fria, entre outras designações.

Não se sabe o que a sorte nos reserva...

66. *Vallo*. Patrice Angelini, no ensaio "In latino, nella poesia di Montale", em Fondazione Mario Novaro (org.), *Il secolo di Montale: Genova 1896-1996*, p. 193, vê em *vallo estremo*, sobretudo, uma imagem de sepultura. O adjetivo *estremo* aposto a *vallo* poderia aplicar-se com propriedade no artigo da morte, indicando o fim de uma viagem. O italiano *vallo* admite os sentidos de (1) "valo como muro ou paliçada de fortificação romana" (exemplo: o muro de Adriano); (2) *vala*, em português; (3) alternativa para *vale*. A observar que *vallo*, com o sentido lígure de *vala* e *valeta*, aparece em "Fluxos".

No *Inf*. XX, 35, *a valle* com o sentido de *in giù, nell'inferno*, e em VIII, 71, *valle* como *fosso profundo* e uma proposta da variante *vallo*, cf. o comentário de Bosco e Reggio, *ad. loc*.

Em português, pode dizer-se *vala* da sepultura comum e usar *valo* como sinônimo, de acordo com a citação de Camilo em *A viúva do enforcado*,

215

III, 83, recolhida pelo *Dicionário de Morais*: "Estava o coveiro a aplanar com a enxada um valo de sepultura". *Morais* reconhece *valo* ainda como alternativa para *vale*.

67. A expressão *sal grego* evoca o mar devido ao sentido duplo de *sal* e *mar* na mesma palavra grega. Convém assinalar o uso poético de *sal* como metonímia de mar, a partir de Aristóteles, e ainda em latim o sentido de "sal do espírito". Em italiano, a expressão *sali attici*, do latim, aplica-se a uma manifestação espirituosa ou com valor espiritual.

Quisera ter-me sentido tosco e essencial...

68. *Il coltello che recide* seria, literalmente, a faca ou lâmina que secciona, excisa ou expunge.

Pudesse ao menos constranger...

69. *Balbo parlare*. Cf. *Purg.* XIX, 7, *femmina balba*. Possível especular-se sobre alusão no falar balbuciante à situação descrita na *Comédia* de como uma mulher com traços pouco lisonjeiros pode tornar-se atraente.
70. *Voce che amore detta*. Cf. *Purg.* XXIV, 52-54. Essa passagem define o *stil nuovo* e caracteriza a poesia como registro de uma verdade interior.

"[...] I' mi son un che, quando
Amor mi spira, noto, e a quel modo
ch'e' ditta dentro vo significando."

"Eu sou um que, quando/ Amor me inspira, anoto, e do modo/ que dentro ele dita vou expressando."

Dissipa se o quiseres...

71. Por *tirso*, em vez da insígnia de Baco, na forma do dardo ornado de hera e pâmpano trazido pelas bacantes, deveria entender-se uma fonte de luz ou foco de calor. O emprego da palavra *tirso* poderia ter resultado de equívoco, segundo alguns comentaristas. *Tizzo* com o significado de *tição* em português foi invocado por D. Isella num comentário de sua edição de *Le occasioni*, p. 181. E. Bonora, em *Gli Ossi di seppia*, vol. 1 de *Letture di Montale*, p. 104, interpreta tratar-se de um bastão usado por marinheiros para sinalização que no alto tem globos e bandeirolas. Montale usa a palavra *tizzo* no poema

Eastbourne: "Nella plaga che brucia, dove sei/ scomparsa al primo tocco delle campane, solo/ rimane l'acre tizzo che già fu/ Bank Holiday".

Fim da infância

72. Os cursos d'água da Ligúria recebem a denominação de *torrentes* devido ao seu regime sazonal, com volume flagrantemente reduzido no verão. A denominação imprópria de *rio* (*fiume*) ocorre sobretudo na língua falada.

73. *Casal*: aglomerado de casas rurais contíguas ou vizinhas de expressão menor que uma aldeia. A palavra é ainda atual em topônimos na Itália e em Portugal.

74. *Veleggiare*, além de "navegar a vela", tem o sentido de "voar com asas abertas", *pairar* e *planar*.

75. Convém ter presente que a palavra *macchia* designa os bosques de vegetação típica das regiões mediterrâneas, grafada *maqui* em português.

76. *Botri*: córregos ou regatos com curso reduzido ou temporário e leito escavado. A presença de água estagnada nos *botri* é apontada por G. Cavallini em *Montale*, p. 102. Montale refere-se ao *botro melmoso*, próximo à casa da família em Monterosso. Uma comparação com *vallotto* tende a revelar a presença permanente de água no *botro*.

77. *Giro a tondo, in tondo, girotondo* é a brincadeira de roda com mãos dadas.

78. *Barchetto*: embarcação de pesca a vela.

E agora cessam os círculos de ânsia...

79. *Lago del cuore*. Cf. *Inf.* I, 20. O comentário de Umberto Bosco e Giovanni Reggio anota "a parte interna do coração" e cita Boccaccio: "nella quale [...] abitano li spiriti vitali". Enquanto na *Comédia* o lago do coração é evocado para ilustrar o medo do viajante perdido na selva escura ou no mar que já passou por aqueles perigos, o uso presente dessa expressão parece ilustrar a substituição de um estado interior de ansiedade pela tormenta exterior que envolve o narrador.

80. *Vite scerpate*: *schiantare* e *scerpare*. Cf. *Inf.* XIII, 33 e 35.

Tanque

81. Havia dois tanques no jardim da casa de Monterosso, um deles com

nenúfares, repuxo, peixes dourados e circundado de hera, de acordo com carta de Marianna, a irmã de Montale, citada no ensaio de Bianca Montale, "Montale: cronache e luoghi familiari", em F. Contorbia e L. Surdich (orgs.), *La Liguria di Montale*, pp. 29-30.
82. As rimas de *liscia* e *striscia* estão presentes em *Purg.* VIII, 100-102, na passagem em que uma serpente rasteja na relva entre flores como possível imagem da tentação.
83. *Spera*. Um círculo de luz pode ser invocado para a superfície desse tanque por associação com a esfera do céu ou de um corpo celeste e a luz que emana.

Égloga

84. Dedicatória original a Cesare Lodovici, crítico teatral e tradutor de Shakespeare e Molière. Intermediário nos contatos com a editora Gobetti para a primeira edição de *Ossos de sépia*.
85. *Pino domestico* ou *pino da pinoli*: espécie *Pinus pinea*, pinheiro-manso em português.
86. Em *vanisce bruciata una bracciata di amara tua scorza, istante* — literalmente, "desaparece queimada uma braçada de amarga casca tua, instante" — o tradutor entende uma metáfora com o sentido de *desaparece em fumo um bocado de tua feição amarga, instante*. *Bruciare* tem o sentido figurado de "esvair-se em fumo". *Scorza*, em sentido figurado, pode assumir os significados de "aspecto exterior", de "corpo" (como invólucro da alma), de "tempo de vida" (por exemplo, com os adjetivos *tenero* e *maturo*). Uma qualificação temporal — passível de invocar com o vocativo *instante* — permitiria especular sobre um sentido como *desaparece apagado um passo do teu curso amargo, instante*.
87. *Corneggiare* representa a forma falcada da lua nos quartos crescente e minguante.

Fluxos

88. Dedicatória original a Attilio Perducca, escultor amigo de Montale.
89. *Dipendere*. O *Grande dizionario della lingua italiana* de Salvatore Battaglia reconhece o sentido antigo e literário de *pender*. O emprego atual em italiano inclui o significado de *proceder* ou *derivar*. A tradução valeu-se do verbo *pendoar* (*apendoar*), de *pendor*, com o uso intransitivo que admite o *Dicionário de Morais*.
90. *Lanterna*. Subentende-se uma lanterna mágica, e daí trazer a tradu-

ção no verso anterior cortinas que estivessem pintadas na decoração da lanterna. Cesare Segre confirma essa interpretação no ensaio "I segni e la critica", em M. Forti (org.), *Per conoscere Montale*, p. 263.

91. Derivado da fonte fervente próxima a Viterbo e usado por Dante, o termo *bulicame* pode referir-se à efervescência visual das águas, mas, por extensão, também ao movimento de pessoas no local (*brulichio*), de onde a tradução por *bulício*, que conserva as raízes latinas comuns. A lavagem de roupas poderia explicar a presença de sabão mencionada adiante.

92. *Acquiccia*: *acqua ferma e intorbidata*, segundo o *Gdli*.

93. *Sciabecco*: xaveco, navio a vela de uso corrente no Mediterrâneo nos séculos XVIII e XIX, e, por extensão, termo pejorativo para uma embarcação mal aparelhada e deteriorada, como em português.

94. *Fortuna*. Parece destacar-se o sentido literário de *tempestade* ou *tormenta*, evidenciado pela variante *fortuna navale*.

Clivo

95. *Accolte voci*: *Inf.* VIII, 24. F. Chiappelli atribui a *accolte* o sentido de *compresse*. Umberto Bosco e Giovanni Reggio interpretam o termo como *represse*. A correspondência em português sugere a acepção de *reprimido* ou *contido*.

96. *Pendìa*: estaca ou tanchão para conduzir a vinha em sistema livre de fios ou arames. Esse significado, recolhido de fonte lígure pelo tradutor, é aceito por M. Villoresi em *Come leggere Ossi di seppia di Eugenio Montale*, p. 96: sustentáculo para as videiras. Segundo E. Bonora, em *Gli Ossi di seppia*, vol. 1 de *Letture di Montale*, p. 126, *pendìa* é a vara pendente da videira, no uso dos camponeses toscanos. R. Montano, em *Comprendere Montale*, p. 36, reconhece em *pendìe* sentido que compreende tanto as estacas como os ramos pendentes das vides. As videiras de que se trata eram plantadas e mantidas sem arames à proximidade do solo, nos terraços íngremes e estreitos das escarpas, expostos a ventos fortes. Esses terraços são comuns na paisagem lígure e encontram-se em situação elevada e, ocasionalmente, a prumo sobre o mar.

97. As trompas, de fato buzinas, do primeiro verso e do último anunciam um desabamento, com o aspecto condenatório que evoca a denúncia de costumes documentada por F. Sena em *L'Alta Fontanabuona* (*Lumarzo-Neirone-Tribogna*). Tratava-se de uma assuada para proclamar procedimentos condenáveis promovida por um grupo de jovens que se valiam de um búzio como da *Tritonia nodiferum* para ampliar a voz, a partir de local elevado, de onde pudessem ser ouvidas as suas denúncias. E. Bonora, op. cit., p. 124, ressalta o uso como forma de comunicação entre populações costeiras e o aspecto de que era considerada um atributo de divindades marinhas.

Arsênio

98. O uso de capuzes em cavalos, especialmente nos utilizados para tração de veículos, como proteção contra o calor excessivo ou a chuva, é confirmado por antigos habitantes da Ligúria. O dicionário de Devoto e Oli registra a expressão *cavalli incappucciati* com o sentido de cabeças abaixadas.

99. A tradução de *acceso* por *luminoso* não abrange o sentido próprio em italiano de incendido ou incandescente que sugere a visão de relâmpagos, antes do ruído de trovoada descrito a seguir.

100. O descer para o mar à procura de outra órbita é o desejo de encontrar no mar a superação das contingências temporais, como desejo de transcendência e figuração da morte, tema presente no poema "Mediterrâneo" e em toda a obra. O impulso é frustrado pela hesitação e a tentação de retorno à "gelada multidão de mortos".

101. *Il timpano degli tzigani*. As orquestras de ciganos com violinos e instrumentos de percussão eram moda no período entreguerras, segundo o comentário de Luigi Blasucci no ensaio "Appunti per un commento montaliano", em M. A. Grignani e R. Luperini (orgs.), *Montale e il canone poetico del Novecento*, p. 13.

102. *Che ti scampi*. G. Savoca, em *Parole di Ungaretti e di Montale*, p. 71, faz aproximação com Petrarca, *Rime* xxxv, 5: "Altro schermo non trovo che mi scampi".

103. O *gozzo* é uma embarcação de pesca tradicional, com casco de cerca de cinco metros de comprimento e extremidades afinadas.

104. *Sciabordare*: diz-se do movimento da embarcação contra a margem, em modo intransitivo. No modo transitivo, tem o sentido de "agitar um líquido ou um objeto num líquido": *vascolejar*.

105. *Tenda*. Permanece em uso nas localidades do interior lígure e da periferia de Gênova, um cortinado pouco preguedo de tecido comumente branco e fino, no lado externo das portas e janelas das casas, em geral abertas durante o período mais quente do ano.

Crisálida

106. "Crisálida", "Marezzo", "Casa sobre o mar" e "Goza se o vento que entra no pomar..." têm como protagonista Paola Nicoli, atriz de teatro natural de Gênova, apresentada por G. Nascimbeni como "sposata a un peruviano di origine genovese". Outras referências pessoais estão presentes no ensaio de Maria Corti, "Il mio ricordo di Montale", em M. A. Grignani e R. Luperini (orgs.), *Montale e il canone poetico del Novecento*. R. Luperini, na sua *Storia di Montale*, p. 52, observa a presença concreta e realmente próxima de Paola Nicoli nos textos. Outro elemento de aproximação possível entre "Crisálida", "Goza

se o vento que entra no pomar..." e "Casa sobre o mar" é a "presença de Eros" a que se refere o poeta em carta a Carlo Linati, de 26 de setembro de 1925, citada por Franco Contorbia no ensaio "Il paesaggio, l'amore, il miracolo", em F. Contorbia e L. Surdich (orgs.), *La Liguria di Montale*. Observar a omissão de "Marezzo", também atribuída ao signo de Paola Nicoli por Luperini e que parece ter continuidade em "Casa sobre o mar".

107. Em *Ogni attimo vi porta nuove fronde*, um comentário de D. Isella, em sua edição de *Le occasioni*, p. 26, sugere tratar-se do advérbio de lugar *vi*, e não do pronome pessoal.

108. *Goletta*: embarcação com pelo menos três velas, sendo uma de proa.

109. *Alcione*: denominação clássica com emprego restrito à linguagem literária do *martin-pescatore*, espécie *Alcedo atthius*, também chamada "guarda-rios" em Portugal. Da mesma família *Alcedinidae* que o martim-pescador brasileiro. A menção em "Glória do estendido meio-dia..." equivaleria a um anúncio de chuva, segundo A. Barbuto em *Le parole di Montale*.

110. *La barca di salvezza*. Cf. *Purg.* II, 13-51. A passagem trata da chegada ao purgatório das almas livres do pecado.

111. G. Savoca, em *Parole di Ungaretti e di Montale*, p. 70, identifica a influência de Petrarca, *Rime* XX, 9-10: "Più volte già per dir le labbra apersi,/ poi rimase la voce in mezzo 'l pecto".

Marezzo

112. Dedicatória original a Giacomo Debenedetti, crítico literário, fundador e colaborador de revistas literárias.

113. A tradução de *marezzo* por palavra que contenha o radical de *mar* não foi possível. A percepção plástica de cores e luzes cambiantes e sinuosas poderia ser obtida dos vocábulos *jaspeado* ou *opalescência*, mas com associações que divergem do ambiente marinho.

114. A tradução de *segni* com a acepção parcial de *senha* em português não faculta o sentido mais amplo e abstrato de *sinais*, presente no original e que não pode ser excluído na leitura, como indício de um plano diferente da realidade imediata, e permite a leitura dupla do texto.

115. *Vampa*, como labareda alta e impetuosa ou o calor da combustão, é também, em sentido figurado, o ardor impetuoso de sentimentos e paixões. *Ardere*, além do significado próprio, é consumir-se de paixão e fremir de desejo. Este último significado pode ser invocado no texto, em associação com o sentido figurado de *vampa*. Nessa linha de interpretação, *impegni* poderia ter o sentido de laços sentimentais e de relações amorosas, presente no português *empenho*.

116. *Spera ardente*: possível alusão aos raios solares e à esfera do sol.

117. *Stornellano*. Omitiu-se na tradução a referência aos *stornelli* das

respigadoras por falta de um termo correspondente em português. Trata-se da forma de canto popular composta de um verso pentassílabo e dois hendecassílabos em rima com o primeiro.

118. Respigar: "recolher as espigas que ficaram por ceifar nas searas" ou "(Fig.) Fazer colheita ou seleção do que há mais digno de aproveitar-se" (Caldas Aulete) e também "apanhar aquém e além" (Cândido de Figueiredo). A presença marcante das respigadoras interrompe a expectativa associada à *esfera ardente*. Sua presença nos socalcos de vinha extremamente íngremes e já agora sombrios volta o olhar do leitor para um plano terreno pouco auspicioso e imediato. A foice é um instrumento usado na respiga.

119. A improbabilidade de uma vindima antes do final de setembro permitiria indagar se a imagem do labor das respigadoras corresponderia ao da poda praticada no verão — *sfogliatura estiva* —, penosa como toda atividade executada nos terraços estreitos, elevados e sobrepostos em altitude que poderia sugerir as "vozes desumanas". A figura da *vindima estiva* afirma-se como contraponto à expectativa luminosa da *esfera ardente*. Constitui ainda percepção algo alucinante que faz eco ao delírio astral e está associada ao esmorecimento da razão. Um sentido figurado pode ser procurado nessa colheita extemporânea e infrutífera que introduz uma imagem malsucedida do presente interrompido. As respigadoras acrescentam um sentido trágico à ocasião.

120. *Sei passata* sugere a vivência e as experiências descritas na poesia, além de evocar o distanciamento, a travessia de limites, e também transitoriedade que, neste último sentido, pareceria uma citação de Leopardi (*A Silvia*, verso 53: "come passata sei").

Casa sobre o mar

121. *Un giro...* Cf. *Inf.* XVI, 1-2. Na *Comédia* a queda d'água indica a descida num círculo inferior do inferno.

"Già era in loco onde s'udia 'l rimbombo
de l'acqua che cadea ne l'altro giro [...]"

122. A ilha de Capraia e o norte da Córsega são visíveis da Ligúria por bom tempo.
123. *Infinitarsi*: neologismo de cunho dantesco que evoca o sentido de *etternarsi*. Cf *Inf.* XV, 85: "[...] come l'uom s'etterna".
124. *Labile*. Ter presente no sentido etimológico de *escorregadio* o sentido de *transitório, passageiro, fugaz*.
125. *Avaro*: sentido latino de *ávido*.

Os mortos

126. Cf. nota 29 sobre Anna degli Uberti na obra de Montale e, na segunda parte da seção II, invocada em "Os mortos", "Delta" e "Encontro".
127. *Flagellato*. Referência ao ocaso em versão anterior permite associação à cor sanguínea do sol poente.
128. A *gallinella di mare* é uma espécie de peixe do gênero *Trigla*, possivelmente *Trigla lucerna*. Em Portugal, o tradutor identificou os nomes de ruivo, cabra ou cabrinha para algumas espécies de *Trigla* e optou pela tradução livre. A *gallinella di mare* emite som particular fora d'água, quando capturada, aparente nas suas diferentes denominações. Em francês, recebe o nome de *grondin*.

Uma tradução literal, adaptando-se o nome do peixe, resultaria em: "como o galo-do-mar [espécie distinta] que se enrasca entre as malhas". A separação do nome do peixe em dois versos não causa ambigüidade no âmbito lígure, porque *gallinella* já é uma forma de identificação de aceitação ampla.

O destaque dado à palavra *mar* faculta uma leitura independente de *mare s'insacca* — alusão possível ao pôr-do-sol no horizonte — por entre as malhas das redes estendidas ao longo da rua, que podem não ser as mesmas onde se enrasca a *gallinella di mare*. Para uma hipótese de leitura do verso *di mare che s'insacca*... a tradução proposta substituiu o sentido de *enrascar* por *agonizar*, que atende tanto à imagem do peixe que se debate como à imagem do mar que, como o sol, parece declinar no horizonte.

129. *Fiato mozzo* é o fôlego arquejante ou entrecortado e ansioso. A proximidade dessas duas palavras sugere a transferência desses sentidos para o vôo, de onde *esbaforido*, mas poderia caber a tradução de *estropiado*, pelo sentido próprio de *mozzo*: decepado, mutilado.

Delta

130. *Travaso*: literalmente *trasfega* e também *trasfego*, em português, tem os sentidos expressos nos atos de trasfegar, transvasar, transferir, transfundir e derramar.

No uso médico, em italiano, *travaso* aplica-se aos derrames de sangue ou de bile. A acepção de *derrame* permitiria maior afinidade com o elemento água, implícito no título e no rio que desemboca. Tal acepção seria coerente com o verbo *romper*, que suscita a interpretação de "perda por derramamento". Essa linha faculta a identificação da *vida* com o rio. As inúmeras acepções de *romper*, paralelas nas duas línguas, deveriam conter, nessa linha de raciocínio, o sentido de *partir* e *dividir* e, em seguida, de *dispersar* — o rio no mar. Por associação, seria de admitir ainda o sentido de "manifestação de força explosiva" em *romper-se*.

A lembrança intermitente de Arletta invocada *in absentia* pode estar associada a uma imagem de estabilidade e de permanência. Pode ainda representar a própria vicissitude existencial descrita, evocativa do tema do *immoto andare*, presente em "Arsênio". Parece real que a vida do narrador esteja presa, ligada à "presença sufocada". É a sua manifestação intermitente que justifica as dúvidas quanto à natureza de a "presença sufocada" tratar-se de uma existência com forma própria ou de uma fantasia. Este seria um exemplo da "inautenticidade do real" na obra de Montale, que F. Croce aponta no ensaio "Montale e la Liguria", em *La primavera hitleriana e altri saggi su Montale*, p. 172.

131. Uso literário e poético de *riviera* com o significado de *rio*.

132. *Vampo di solfo*. A evocação tenebrosa e infernal parece patente e pode ser associada à ausência de Arletta. A imagem pode ter origem no clarão amarelado e intermitente de uma fonte de luz artificial como de uma embarcação ou de um farol.

O farol da ilha del Tino, à entrada do golfo de La Spezia, é visível de Monterosso. D. Isella, na sua edição comentada de *Le occasioni*, p. 11, associa referências de versos posteriores em que o foco intermitente do farol del Tino identifica-se com Arletta, como no *Quaderno di quattro anni*, em "Se al più si oppone il meno il risultato...", quando de própria voz diz: "Anche il faro, lo vedi, è intermittente...". A presença dos rebocadores no interior de um golfo poderia reforçar a possibilidade de tratar-se do golfo de La Spezia e também do farol da ilha del Tino. Giovanna Ioli, autora do ensaio "Frantumi e rottami: note su Boine e Montale", em F. Contorbia e L. Surdich (orgs.), *La Liguria di Montale*, p. 155, repertoria referências colhidas da obra de Giovanni Boine e menciona em *Delirii*: "Sprizzano lampi di solfo... finché in nebbia si perdono dei scalcinati scheletri le ultime macabre sigle".

Encontro

133. *Incappati di corteo*: além de simples referência às procissões de religiosos com capuchos, alusão aceita aos hipócritas que trajam um hábito de chumbo na *Divina comédia*. Cf. *Inf.* XXIII, 58 e seguintes.

134. *A specchio*. A expressão costuma ser usada para indicar a proximidade de locais diante de uma superfície de água que torne possível um efeito de reflexo. No texto, a abóbada celeste arruinada e abatida vê-se numa linha de luz baixa no horizonte que é quase refletida pelas vitrines. O efeito de luz baixa é, mais adiante, confirmado nas expressões *luz rasante* e *ar de trevas*. Depreende-se uma impressão de estarem os *sargaços humanos* num ambiente comparável ao mar, em que a linha do horizonte refletida favorece a impressão de imersão. Cf. imagens do mar em "mar diverso que se sobrepõe às ondas" e "na margem surpreendida pela onda lenta, sem aparecer".

135. Uma redação anterior da estrofe fazia menção a um local de *sob-*

borgo e permite situar a cena em área urbana de periferia. Rosanna Bettarini, em "Appunti sul 'Taccuino' di 1926 di Eugenio Montale", *Studi di Filologia Italiana*, XXXVI (1978), identifica a torrente do Bisagno e a paralela via Montaldo, a oeste de Gênova. *A foz* — primeiro título desse poema — seria assim a do Bisagno. Cf. Jonathan Galassi, em *Collected poems*, p. 478.

136. *Forma che mi fu tolta*. Cf. *Inf.* V, 102, em que Francesca da Rimini se refere à perda da bela forma física que lhe havia sido tirada. Alguns comentaristas evocam o mito de Dafne, transformada em loureiro para fugir ao assédio de Apolo, que de seus ramos fez uma coroa de louros.

137. *Sommersa*: substitui o nome de Arletta, presente nas versões mais antigas.

138. *Sparsa* como particípio passado de *spargere* admitiria tradução literal com o seguinte sentido para essa passagem: "entre os lampejos raros [do dia]/ [a vida de Arletta] já foi e não é mais divulgada pelo dia". *Sparso* como adjetivo faculta ainda o sentido de *esparso* em português.

139. *Perso*. Cf. *l'aere perso* em *Inf.* V, 89. De acordo com a definição de Dante no *Convivio* IV, XX, 2: "perso è uno colore misto di purpureo e di nero, ma vince lo nero, e da lui si dinomina".

Rivieras...

140. Dedicatória original a Angelo Barile, poeta amigo de Montale em Gênova.

141. Deve entender-se por *riviera* a costa da Ligúria, que a cidade de Gênova divide em Riviera del Levante e Riviera del Ponente. No caso de Montale deve-se ter presente sobretudo a Riviera del Levante, nas vizinhanças de Monterosso e das povoações próximas.

142. *Risucchio* é a aspiração de ar ou água que faz remoinho ou o refluxo da onda.

143. *Fanciullo antico*. Cf. Giorgio Barberi Squarotti, "La citazione montaliana (testo e altri testi)", em M. de las Nieves Muñiz Muñiz e F. A. Vela (orgs.), *Strategie di Montale*, p. 26. O autor encontra uma citação do poema *I colloqui* de Gozzano e vê na morte do *menino antigo* uma referência irônica que inclui o gênero de poesia praticado por Gozzano, bem como uma elegia ao morrer jovem, que consente manter intacta a figura do jovem representado por aquele poeta. Trata-se da aspiração do hino em vez da elegia à maturidade, que se inviabiliza com a aproximação da morte. O autor faz comparação com D'Annunzio, além de apontar a procura de sublimidade no esvaecimento e na exalação natural e mística da luz.

144. *Esito* inclui os sentidos de *resultado* ou *êxito* e também de *saída*.

BIBLIOGRAFIA

OBRAS DE EUGENIO MONTALE

Sulla poesia. Org. Giorgio Zampa. Milão, Mondadori, 1976.
Opera in versi. Ed. crít. Org. Rosanna Bettarini e Gianfranco Contini. Turim, Einaudi, 1980.
Le occasioni. Org. Dante Isella. Turim, Einaudi, 1996.
Tutte le poesie. Org. Giorgio Zampa. Milão, Mondadori, 1997.
Mottetti. Org. Dante Isella. Milão, Adelphi, 1998.
L'arte di leggere. Una conversazione svizzera. Org. Arigoni & Rabiolo. Novara, Interlinea, 1998.

TRADUÇÕES

Os de seiche 1920-1927. Trad. e prefácio Patrice Angelini. Colaboração Louise Herlin e Georges Brazzola. Paris, Gallimard, 1966.
Huesos de sepia. Trad. e prólogo F. Ferrer Lerin. Madri, Alberto Corazón, 1975.
Huesos de jibia — Las ocasiones. Trad., prólogo e notas Horacio Armani. Buenos Aires, Fausto, 1978.
Poèmes choisis 1916-1980. Nova ed. Patrice Dyerval Angelini. Paris, Gallimard, 1991.
Cuttlefish bones 1920-1927. Trad., prefácio e coments. William Arrowsmith. Nova York; Londres, W. W. Norton & Company, 1992.
37 poemas traducidos por 37 poetas españoles. Madri, Hiperión, 1996.
Poesias. Sel., trad. e notas Geraldo Holanda Cavalcanti. Rio de Janeiro, Record, 1997.

Collected poems 1920-1954. Trad. e notas Jonathan Galassi. Nova York, Farrar, Straus and Giroux, 1998.

CRÍTICA LITERÁRIA E ENSAIOS

ANTONELLO, Massimo. *La metrica del primo Montale: 1915-1927*. Lucca, Maria Pacini Fazzi, 1991.

BARBUTO, Antonio. *Le parole di Montale — Glossario del lessico poetico*. Roma, Bulzoni, 1973.

BARILE, Laura. *Montale, Londra e la luna*. Florença, Le Lettere, 1998.

BONORA, Ettore. *Letture di Montale*. Vol. 1: *Gli Ossi di seppia*. Turim, Tirrenia, 1980.

BORGHELLO, Giampaolo. *Il getto tremulo dei violini*. Turim, Paravia, 1999.

CASSAC, Michel, et alii. *Revue des Etudes Italiennes. Sur Eugenio Montale*. Société d'Etudes Italiennes, nova sér., t. XLIV, n°s 3-4, jul.-dez. 1998. Abbeville, Paillart, 1999.

CATALDI, Pietro. *Montale*. Palermo, Palumbo, 1991.

CAVALLINI, Giorgio. *Montale — Lettore di Dante e altri studi montaliani*. Roma, Bulzoni, 1996.

CIMA, Annalisa, & SEGRE, Cesare (orgs.). *Eugenio Montale*. Milão, Bompiani, 1977.

CITRO, Ernesto. *Trittico montaliano: "In limine", "Il balcone", "Il tu"*. Roma, Bulzoni, 1999.

COLETTI, Vittorio, et alii. *Narrativa — Eugenio Montale*. Centre de Recherches Italiennes. Universidade Paris X-Nanterre, n° 15, fev. 1999. Paris, Publidix, 1999.

CONTINI, Gianfranco. *Una lunga fedeltà*. Turim, Einaudi, 1974.

CONTORBIA, Franco. *Montale, Genova, il modernismo e altri saggi montaliani*. Bolonha, Pendragon, 1999.

_____ (org.). *Immagini di una vita*. Milão, Mondadori, 1996.

_____ & SURDICH, Luigi (orgs.). *La Liguria di Montale*. Atti del convegno di studi La Liguria di Montale, La Spezia, Monterosso al Marc, 11-13 out. 1991. Savona, Marco Sabatelli, 1996.

CROCE, Franco. *Storia della poesia di Eugenio Montale*. Gênova, Costa & Nolan, 1991.

_____ *La primavera hitleriana e altri saggi su Montale*. Gênova, Marietti, 1997.

ELIA, M. Antonietta. *Montale e il mare*. Bari, Mario Adda, 1997.

FERRARIS, Angiola. *Se il vento. Lettura degli Ossi di seppia di Eugenio Montale*. Roma, Donzelli, 1995.

FONDAZIONE Mario Novaro (org.). *Il secolo di Montale: Genova 1896-1996*. Bolonha, Il Mulino, 1998.

FORTI, Marco. *Nuovi saggi montaliani*. Milão, Mursia, 1990.

_____ (org.). *Per conoscere Montale*. Antologia corredata di testi critici. Milão, Mondadori, 1999.

GARUFI, Guido. *Per una fenomenologia di Montale*. Bolonha, Massiminiano Boni, 1983.

GENCO, Giuseppe. *Montale tra simbolismo e realtà*. Manduria, Lacaita, 1988.

GONIN, Jean. *L'expérience poétique de Eugenio Montale*. Toulouse, Presses Universitaires du Mirail, 1996.

GRIGNANI, Maria Antonietta. *Dislocazioni. Epifanie e metamorfosi in Montale*. Lecce, Piero Manni, 1998.

_____ & LUPERINI, R. *Montale e il canone poetico del Novecento*. Bari, Laterza, 1998.

IOVINO, Roberto, & VERDINO, Stefano (orgs.). *Montale la musica e i musicisti*. Gênova, Sagep, 1996.

ISELLA, Dante (org.). *Eusebio e Trabucco carteggio di Eugenio Montale e Gianfranco Contini*. Milão, Adelphi, 1997.

_____ *Dovuto a Montale*. Milão, Archinto, 1997.

LUPERINI, Romano. *Montale o l'identità negata*. Nápoles, Liguori, 1984.

_____ *Storia di Montale*. Bari, Laterza, 1999.

MARCENARO, Giuseppe. *Eugenio Montale*. Milão, Mondadori, 1999.

MARCHESE, Angelo. *Amico dell'invisibile. La personalità e la poesia di Eugenio Montale*. Turim, SEI, 1996.

_____ *Montale — La ricerca dell'altro*. Pádua, Messaggero, 2000.

MARTELLI, Mario. *Eugenio Montale*. Florença, Le Monnier, 1992.

MENGALDO, Pier Vincenzo. *La tradizione del Novecento*. Milão, Feltrinelli, 1980.

MONTANO, Rocco. *Comprendere Montale*. Nápoles, Vico, 1978.

MUÑIZ, Maria de las Nieves Muñiz, & VELA, Francisco Amella (orgs.). *Strategie di Montale — Poeta tradotto e traduttore*. Atti del seminario internazionale di Barcellona su "La costruzione del Testo in Italiano", 8-9 e 15-16 mar. 1996. Florença, Franco Cesati Editore, 1998.

NASCIMBENI, Giulio. *Montale — Biografia di un poeta*. Milão, Longanesi, 1986.

ORELLI, Giorgio. *Accertamenti montaliani*. Bolonha, Il Mulino, 1984.

RAMAT, Silvio. *L'acacia ferita e altri saggi su Montale*. Veneza, Marsilio, 1986.

SANTILLI, Tommaso. *Eugenio Montale*. Roma, Lucarini, 1982.

SAVOCA, Giuseppe. *Parole di Ungaretti e di Montale*. Roma, Bonacci, 1993.

_____ (org.). *Per la lingua di Montale*. Atti dell'incontro di studio em Florença, 26/11/1987. Florença, Leo S. Olschki Editore, 1989.

SCARPATI, Claudio. *Sulla cultura di Montale. Tre conversazioni*. Milão, Vita e Pensiero, 1997.

SCRIVANO, Riccardo. *Metafore e miti di Eugenio Montale*. Nápoles, Edizioni Scientifiche Italiane, 1997.

SENA, Francesco. *L'Alta Fontanabuona (Lumarzo-Neirone-Tribogna)*. Calvari, Centro Culturale Vallis Fontis Bonae, 1981.

SURDICH, Luigi. *Le idee e la poesia. Montale e Caproni.* Gênova, Il Melangolo, 1998.

TESTA, Enrico. *Montale.* Turim, Einaudi, 2000.

VILLORESI, Marco. *Come leggere Ossi di seppia di Eugenio Montale.* Milão, Mursia, 1997.

ESTA OBRA FOI COMPOSTA PELO ESTÚDIO O.L.M. EM GARAMOND, TEVE SEUS FILMES GERADOS PELO BUREAU 34 E FOI IMPRESSA PELA BARTIRA GRÁFICA E EDITORA EM OFF-SET SOBRE PAPEL PRINT-MAX DA VOTORANTIM PARA A EDITORA SCHWARCZ EM JANEIRO DE 2002